本書の特色と使い方

教科書の学習進度にあわせて，授業・宿題・予習・復習などに使えます

教科書のほぼすべての単元を掲載しています。今，学習している内容にあわせて授業用プリントとして
お使いいただけます。また，宿題や予習や復習用プリントとしてもお使いいただけます。

本書をコピー・印刷して教科書の内容をくりかえし練習できます

計算問題などは型分けした問題をしっかり学習したあと，いろいろな型を混合して出題しているので，
学校での学習をくりかえし練習できます。
学校の先生方はコピーや印刷をして使えます。

「ふりかえり・たしかめ」や「まとめのテスト」で学習の定着をみることができます

「練習のページ」が終わったあと，「ふりかえり・たしかめ」や「まとめのテスト」をやってみましょう。
「ふりかえり・たしかめ」で，できなかったところは，もう一度「練習のページ」を復習しましょう。
「まとめのテスト」で，力だめしをしましょう。

「解答例」を参考に指導することができます

本書 p 84 ～「解答例」を掲載しております。まず，指導される方が問題を解き，本書の解答例も参考に
解答を作成してください。
児童の多様な解き方や考え方に沿って答え合わせをお願いいたします。

6年② 目　次

11　並べ方と組み合わせ方

12　データの調べ方

13　算数のしあげ

● およその面積を求めましょう。

① 右の図は，あるドーム球場です。
円とみて，およその面積を求め
ましょう。

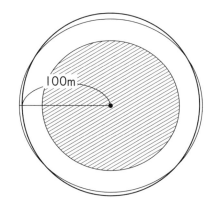

式

答え _____

② 右の図は，ある池を真上から見た
図です。台形とみて，およその
面積を求めましょう。

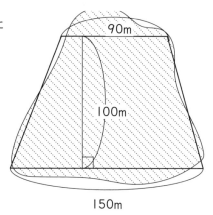

式

答え _____

● およその面積を求めましょう。

① 右の図は，ある牧場を真上から
見た図です。三角形とみて，
およその面積を求めましょう。

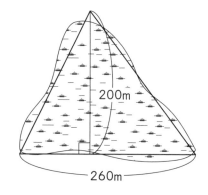

式

答え _____

② 右の図は，ある公園を真上から
見た図です。ひし形とみて，
およその面積を求めましょう。

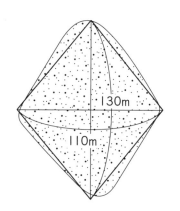

式

答え _____

● およその容積を求めましょう。

① 右の図は，あるエコバックです。
　 直方体とみて，およその容積を
　 求めましょう。

式

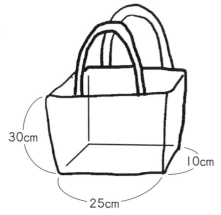

答え _____

② 右の図は，あるスイミング
　 バッグです。円柱とみて，
　 およその容積を求めましょう。

式

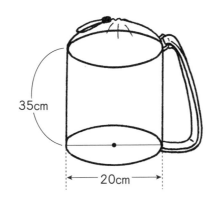

答え _____

● およその体積や容積を求めましょう。

① 右の図は，スポンジケーキです。
　 円柱とみて，およその
　 体積を求めましょう。

式

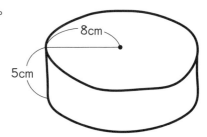

答え _____

② 右の図は，ある電子レンジです。
　 内側の形を直方体とみて，
　 およその容積を求めましょう。

式

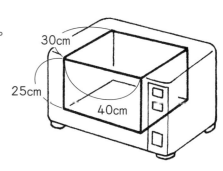

答え _____

9 ふりかえり・たしかめ (1)
およその面積と体積

名前

● およその面積を求めましょう。

① 右の図は，埼玉県の地図です。
長方形とみて，およその面積を
求めましょう。

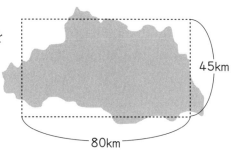

45km

80km

式

答え _____

② 右の図は，山梨県の地図です。
円とみて，およその面積を
求めましょう。

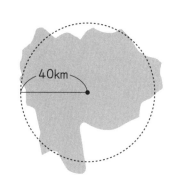

40km

式

答え _____

9 ふりかえり・たしかめ (2)
およその面積と体積

名前

● およその体積や容積を求めましょう。

① 右の図は，ロールケーキです。
何かの形とみて，およその
体積を求めましょう。

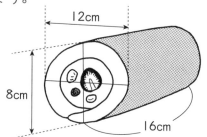

12cm

8cm

16cm

式

答え _____

② 右の図は，あるおふろです。
内側の形を何かに見立てて，
およその容積を求めましょう。
また，お湯をいっぱいに
入れると，およそ何 L になりますか。

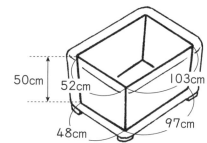

50cm

52cm

103cm

48cm

97cm

式

答え _____ cm³ _____ L

9 まとめのテスト
おおよその面積と体積

[知識・技能]

① ショートケーキを三角柱とみて、およその体積を求めましょう。(10×2)

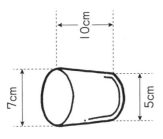

6cm　底面の形　7cm　8cm

式

答え

② 千葉県を三角形とみて、およその面積を求めましょう。

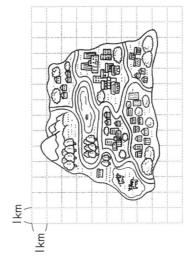

50km　50km　A　B　C

① ABの実際の長さは、約120kmです。この三角形の高さにあたる長さは、約何kmですか。(10)

（　　　）

② 千葉県のおよその面積を求めましょう。(10×2)

式

答え

[思考・判断・表現]

③ 下の図のようなコップがあります。くふうしておよその容積を求めましょう。

10cm　7cm　5cm

① およそ何の形とみて求めればいいですか。(10)

（　　　）

② コップのおよその容積を求めましょう。(10×2)

式

答え

④ 下の図は、ある町の地図です。何かの形とみて、およその面積を求めましょう。(10×2)

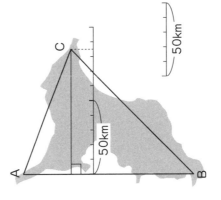

1km　1km

式

答え

考える力をのばそう
全体を決めて（1）

月　　日

名前

● ある土地の草かりをするのに，Aさんでは4時間，Bさんでは6時間かかります。

　Aさんとべさんが同時にすると，何時間で草かりができますか。

① Aさんは1時間で全体のどれだけ草かりができますか。
　分数で答えましょう。

（　　　）

② Bさんは1時間で全体のどれだけ草かりができますか。
　分数で答えましょう。

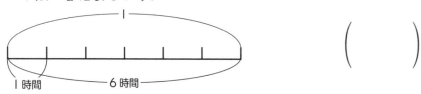

（　　　）

③ AさんとBさんがいっしょにすると，1時間で全体のどれだけ草かりができますか。

式

答え＿＿＿＿＿＿＿＿＿

④ AさんとBさんがいっしょにすると，何時間で全体の草かりができますか。

式

答え＿＿＿＿＿＿＿＿＿

考える力をのばそう
全体を決めて（2）

月　　日

名前

● ある土地の草かりをするのに，Aさんでは4時間，Bさんでは6時間，Cさんでは3時間かかります。

　Aさん，Bさん，Cさんの3人が同時にすると，何時間で草かりができますか。

① 3人がいっしょにすると，1時間で全体のどれだけの草かりができますか。

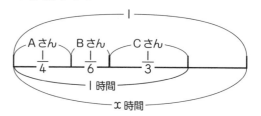

式

答え＿＿＿＿＿＿＿＿＿

② Aさん，Bさん，Cさんの3人がいっしょにすると，何時間で全体の草かりができますか。

式

答え＿＿＿＿＿＿＿＿＿

10 比例と反比例
比例の性質（1）

① 下の表は，分速80mで歩く人の，歩く時間 x 分と進む道のり y m を表したものです。□にあてはまる数を書きましょう。

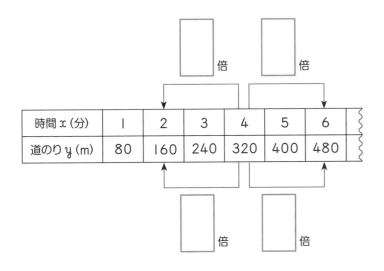

時間 x（分）	1	2	3	4	5	6
道のり y（m）	80	160	240	320	400	480

② 下の文は，比例についてまとめた文です。
（　　）にあてはまる数を書きましょう。

① x の値が0.5倍，1.5倍などになると，それにともなって

y の値も（　　　）倍，（　　　）倍などになる。

② x の値が $\frac{1}{2}$ 倍，$\frac{1}{3}$ 倍などになると，それにともなって

y の値も（　　　）倍，（　　　）倍などになる。

10 比例と反比例
比例の性質（2）

● 下の表は，底面が $8cm^2$ の四角柱の高さ x cm と，体積 y cm^3 の関係を表したものです。

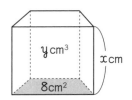

① □にあてはまる数を書きましょう。

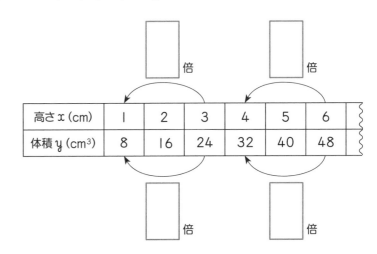

高さ x（cm）	1	2	3	4	5	6
体積 y（cm^3）	8	16	24	32	40	48

② 四角柱の高さ x cm と，体積 y cm^3 は比例していますか。どちらかに○をつけましょう。

（　　比例している　　・　　比例していない　　）

③ 高さ9cmのときの体積は，高さ5cmのときの体積の何倍ですか。　　（　　　　　　　　）

④ ③で求めた数を使って，高さ9cmのときの体積を求めましょう。

式

答え＿＿＿＿＿＿＿＿＿

● 下の表は，分速1.5kmで走る電車の，走る時間x分と進む道のりykmを表したものです。

① □にあてはまる数を書きましょう。

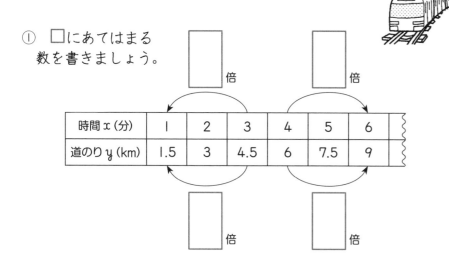

時間 x（分）	1	2	3	4	5	6
道のり y（km）	1.5	3	4.5	6	7.5	9

② 走る時間x分と進む道のりykmは比例していますか。どちらかに○をつけましょう。

（　　比例している　　・　　比例していない　　）

③ 走る時間が14分のときの道のりは，6分のときの何倍ですか。

（　　　　　　　）

④ ③で求めた数を使って，14分のときの道のりを求めましょう。

式

答え＿＿＿＿＿＿＿

● 下の表は，水そうに水を入れる時間x分と水そうの水の深さycmを表したものです。

① □にあてはまる数を書きましょう。

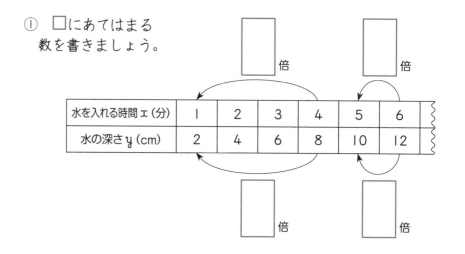

水を入れる時間 x（分）	1	2	3	4	5	6
水の深さ y（cm）	2	4	6	8	10	12

② 水を入れる時間x分と水の深さycmは比例していますか。どちらかに○をつけましょう。

（　　比例している　　・　　比例していない　　）

③ 水を入れる時間が11分のときの水の深さは，5分のときの何倍ですか。

（　　　　　　　）

④ ③で求めた数を使って，11分のときの水の深さを求めましょう。

式

答え＿＿＿＿＿＿＿

● 下の表は，水そうに水を入れる時間 x 分と水そうの水の深さ y cm を表したものです。
表を見て，下の問いに答えましょう。

水を入れる時間 x（分）	1	2	3	4	5	6
水の深さ y（cm）	3	6	9	12	15	18

① 上の表では，y の値を x の値でわると，いつも何になりますか。

（　　　　　　）

② 上の表では，x の値が 1 増えるたびに，y の値はいくつずつ増えていますか。

（　　　　　　）

③ y を x の式で表します。□にあてはまる数を書きましょう。

$$y = \boxed{} \times x$$

④ （　　　　）にあてはまることばを書きましょう。

y が x に比例するとき，y を x の式で表すと，次のようになります。

$$y = (\hspace{3cm}) \times x$$

① 下の表は，決まった速さで走る自動車のガソリンの消費量 x L と走った道のり y km の関係を表したものです。

ガソリンの消費量 x（L）	1	2	3	4	5	6
走った道のり y（km）	15	30	45	60	75	90

① 上の表の x と y の関係で，決まった数は何ですか。

（　　　　　　）

② y を x の式で表しましょう。

（　　　　　　）

② 下の表は，底面積が 6cm² の三角柱の高さ x cm と体積 y cm³ の関係を表したものです。

高さ x（cm）	1	2	3	4	5	6
体積 y（cm³）	6	12	18	24	30	36

① 上の表の x と y の関係で，決まった数は何ですか。

（　　　　　　）

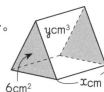

② y を x の式で表しましょう。

（　　　　　　）

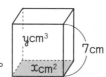

① 四角柱の高さを 7cm と決めておきます。
四角柱の底面積をいろいろ変えていきます。
底面積 x cm² と体積 y cm³ の関係を考えましょう。

① 下の表のあいているところに数を書きましょう。

底面積 x (cm²)	1	2	3	4	5	6
体 積 y (cm³)	7					

② y は x に比例しますか。どちらかに○をつけましょう。

（　比例している　・　比例していない　）

③ y を x の式で表しましょう。

（　　　　　　　　　　　）

② 平行四辺形の高さを 6cm と決めて，底辺の長さを 1cm，2cm，3cm，…と変えていきます。底辺の長さ x cm と面積 y cm² の関係を考えましょう。

① 下の表のあいているところに数を書きましょう。

底辺の長さ x (cm)	1	2	3	4	5	6
面 積 y (cm²)	6					

② y を x の式で表しましょう。

（　　　　　　　　　　　）

● 下の表は，分速 80m で歩く人の歩いた時間 x 分と歩いた道のり y m を表したものです。グラフに表しましょう。

時　間 x (分)	1	2	3	4	5	6
道のり y (m)	80	160	240	320	400	480

① 表の値をグラフに点でとりましょう。
また，x の値が 7，8，9，10 のときの y の値も求めて，グラフに点をとりましょう。

② 時間 x が 0 分のときは，道のり y も 0m です。グラフに点をとりましょう。

③ とった点を直線でむすびましょう。

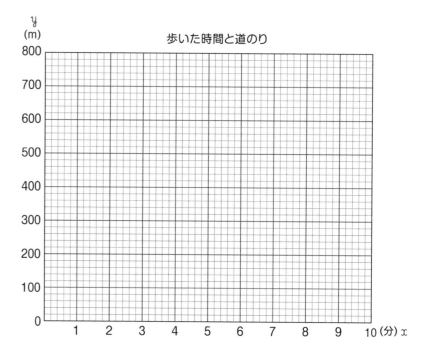

歩いた時間と道のり

12

10 比例と反比例
比例のグラフ（2）

● 下の表は，分速0.6km で走る自動車の，走った
時間 x 分と，走った道のり y km を表したものです。

時　間 x（分）	1	2	3	4	5	6
道のり y（km）	0.6	1.2	1.8	2.4	3	3.6

① 上の表の x と y の値の組を，下のグラフに表しましょう。

② x の値が 0，そして，7，8，9，10 のときの，y の値も求めて，
下のグラフに表しましょう。

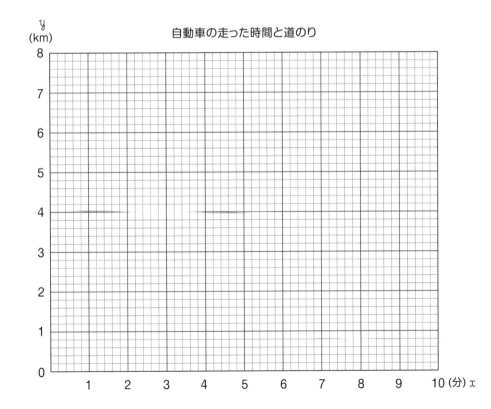

自動車の走った時間と道のり

10 比例と反比例
比例のグラフ（3）

● 下のグラフは，水を入れる時間 x 分と，水そうの水の深さ y cm
の関係を表したものです。下の問いに答えましょう。

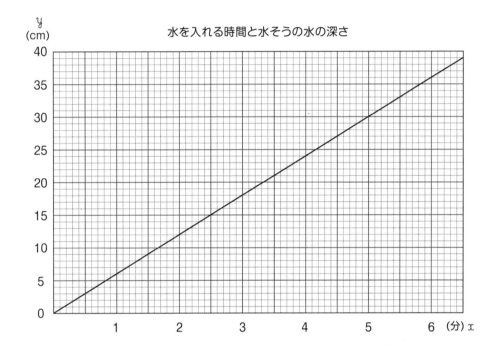

水を入れる時間と水そうの水の深さ

① x の値が 2.5 のときの y の値を読みましょう。　　（　　　　）

② y の値が 30 のときの x の値を読みましょう。　　（　　　　）

③ x の値が 1 増えると，y の値はいくつ増えていますか。（　　　　）

④ y を x の式で表します。（　　）にあてはまる数を書きましょう。

$$y = (\qquad) \times x$$

● 下のグラフは，針金の長さ x m と，その重さ y g を表したものです。下の問いに答えましょう。

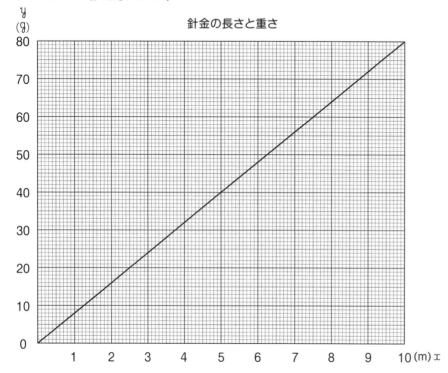

針金の長さと重さ

① x の値が2.5のときの y の値を読みましょう。　　（　　　　　）

② y の値が60のときの x の値を読みましょう。　　（　　　　　）

③ y を x の式で表しましょう。　　　　$y = ($　　　　$) × x$

④ ③の式を使って，x の値が5.5のときの y の値を求めましょう。

式

答え＿＿＿＿＿＿＿＿

● 下の表は，時速40kmで走る自動車の走った時間と道のりを表しています。道のり y km は，時間 x 時間に比例しています。グラフに表して，下の問いに答えましょう。

時間 x（時間）	1	2	3	4	5	6	
道のり y（km）	40	80	120	160	200	240	

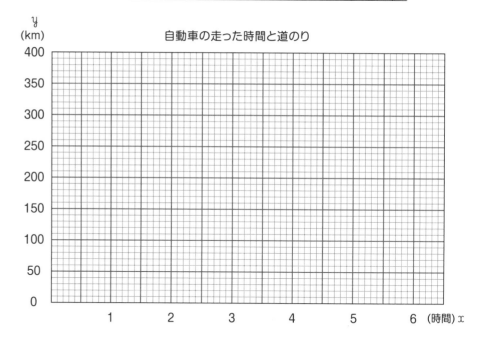

自動車の走った時間と道のり

① 自動車は，4時間30分で何km進んでいますか。

（　　　　　　　）

② 自動車が100kmを進むのに何時間何分かかっていますか。

（　　　　　　　）

10 比例と反比例
比例のグラフ (6)

● 下の表は，分速 100m で歩く人の歩いた時間 x 分と，その道のり y m を表したものです。グラフに表して，下の問いに答えましょう。

時間 x (分)	1	2	3	4	5	6
道のり y (m)	100	200	300	400	500	600

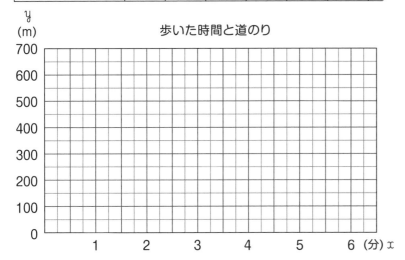

歩いた時間と道のり

① 3分30秒では何m進んでいますか。　（　　　　　　　）

② 550m進むには何分何秒かかっていますか。（　　　　　　　）

③ y を x の式で表しましょう。

　　　y = (　　　　　　　　)

④ ③の式を使って，スタートして15分後，何m進んでいるのかを求めましょう。

　　式

　　　　　　　　　　　答え

---

10 比例と反比例
比例のグラフ (7)

● 下のグラフは，自転車Aと自転車Bが同時に出発して，同じ道を走った時間と道のりを表しています。
　下の問いに答えましょう。

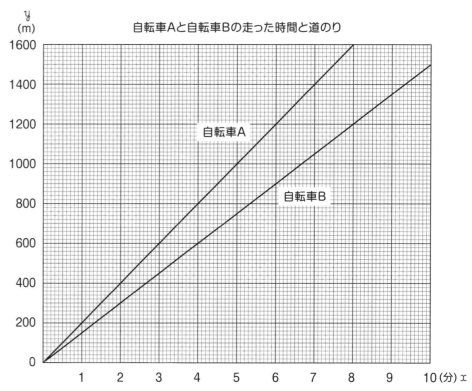

自転車Aと自転車Bの走った時間と道のり

① AとBでは，どちらの方が速いですか。　（　　　　　　　）

② 1200mをAが通過してから，Bが通過するまでの時間は何分ですか。　　　　　　　　　　　（　　　　　　　）

③ 出発して6分後に，AとBは何mはなれていますか。

　　　　　　　　　　　　　（　　　　　　　）

● 下のグラフは，自動車 A と自動車 B が同時に出発して，同じ道を
走った時間と道のりを表しています。
　　下の問いに答えましょう。

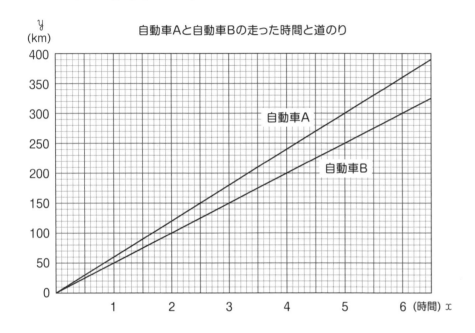

自動車Aと自動車Bの走った時間と道のり

① A と B では，どちらの方が速いですか。　　（　　　　　　）

② 150km を A が通過してから，B が通過するまでの時間は何分
ですか。　　　　　　　　　　　　　　（　　　　　　）

③ 出発して 4 時間後に，A と B は何 km はなれていますか。
　　　　　　　　　　　　　　　　　　（　　　　　　）

④ y を x の式で表しましょう。
　自動車 A　y ＝（　　　　　　）　　自動車 B　y ＝（　　　　　　）

● ある用紙 10 枚の重さを測ると，18g でした。
この用紙 200 枚の重さは何 g ですか。

用紙の枚数と重さ

枚数 x (枚)	10	200
重さ y (g)	18	

㋐ 1 枚の重さを求めてから，200 枚の重さを求めましょう。

① この用紙 1 枚の重さは何 g ですか。
式

答え

② ①で求めた数を使って，200 枚の重さを求めましょう。
式

答え

㋑ 何倍になるかを求めてから，200 枚の重さを求めましょう。

① 200 枚は 10 枚の何倍ですか。
式

答え

② ①で求めた数を使って，200 枚の重さを求めましょう。
式

答え

㋒ 決まった数を求めてから，200 枚の重さを求めましょう。

① 重さ 18 は，枚数 10 の何倍ですか。
式

答え

② ①で求めた数を使って，200 枚の重さを求めましょう。
式

答え

10 比例と反比例
比例の利用（2）

① 画用紙 10枚の重さをはかったら，83g でした。
　このことをもとにして，400枚を用意します。
　何 g にすれば，400枚になりますか。

画用紙の枚数と重さ

枚数 x（枚）	10	400
重さ y（g）	83	☐

式

答え _____

② 画用紙の 10枚の厚さは 3mm でした。
　このことをもとにして，画用紙 400枚を用意します。
　画用紙を重ねて何 cm にすれば，400枚になりますか。

画用紙の枚数と厚さ

枚数 x（枚）	10	400
厚さ y（mm）	3	☐

式

答え _____

---

10 比例と反比例
比例の利用（3）

① 1m の木の棒のかげは，80cm でした。
　かげの長さが 3m20cm の木の高さは
　何 cm ですか。

	棒	木
高さ x（cm）	100	☐
かげの長さ y（cm）	80	320

式

答え _____

② 200km を 5時間で走る自動車があります。
　この自動車が 140km の地点を通るのは，
　スタートして何時間何分後ですか。

時間 x（時間）	☐	5
道のり y（km）	140	200

式

答え _____

① 下の表を見て，yがxに比例していれば，□に○をかきましょう。

①

x (分)	0.2	0.8	1	2	4
y (m)	100	300	400	600	800

□

②

x (L)	2	4	6	8	10
y (kg)	5	10	15	20	25

□

③

x (m)	0.8	1	1.2	1.5	2
y (m²)	4.8	6	7.2	9	12

□

② 下の表で，yはxに比例します。
表のあいているところに数を書きましょう。

①

x (m)	1	2	3	4	5
y (m³)	12				

②

x (分)	2	3	4	5	6
y (L)			24		

① 比例するxとyの関係を表にします。表のあいているところに数を書きましょう。また，yをxの式で書きましょう。

① 分速90mで歩く時間x分と道のりym

x (分)	1	2	3	4	5
y (m)					

y = (　　　　　　)

② 直径xcmと円周の長さycm

x (cm)	1	2	3	4	5
y (cm)					

y = (　　　　　　)

③ 底辺が6cmの平行四辺形の高さxcmと面積ycm²

x (cm)	1	2	3	4	5
y (cm²)					

y = (　　　　　　)

② 4mの重さが60gの針金があります。

① この針金7.2mの重さは何gですか。

式

答え＿＿＿＿＿＿

② この針金72gは，何mですか。

式

答え＿＿＿＿＿＿

● 下の表は，24km の道のりを時速 x km で歩いたときにかかった時間 y 時間を表したものです。

① □にあてはまる数を書きましょう。

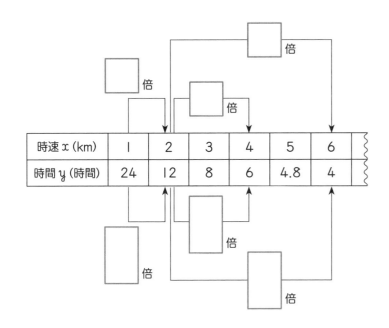

時速 x (km)	1	2	3	4	5	6
時間 y (時間)	24	12	8	6	4.8	4

② 上の表を見て，（　　）にあてはまることばや数を書きましょう。

2 つの数量 x と y があり，x の値が，2 倍，3 倍，…になると，

それにともなって y の値が（　　）倍，（　　）倍，…に

なるとき，y は，x に（　　　　）するといいます。

● 下の表で，y は x に反比例していますか。反比例していれば，□に○をかきましょう。

① 面積が 18cm² の平行四辺形の底辺の長さ x cm と高さ y cm

底辺 x (cm)	1	2	3	4	5	6
高さ y (cm)	18	9	6	4.5	3.6	3

② まわりの長さが 20cm の長方形の縦の長さ x cm と横の長さ y cm

縦 x (cm)	1	2	3	4	5	6
横 y (cm)	9	8	7	6	5	4

③ 深さ 48cm の水そうに，水をいっぱい入れるときの，1 分あたりに入る水の深さ x cm と水を入れる時間 y 分

1分あたりに入る水の深さ x (cm)	1	2	3	4	5	6
水を入れる時間 y (分)	48	24	16	12	9.6	8

④ 1 日の昼の時間 x 時間と夜の時間 y 時間

昼の時間 x (時間)	1	2	3	4	5	6
夜の時間 y (時間)	23	22	21	20	19	18

● 18kmの道のりを進みます。
　かかった時間 y 時間は，時速 x km に反比例します。

① □にあてはまる数を書きましょう。

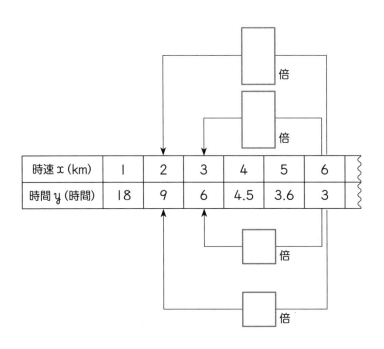

時速 x (km)	1	2	3	4	5	6
時間 y (時間)	18	9	6	4.5	3.6	3

② 上の表を見て，（　　）にあてはまる数を書きましょう。

　2つの数量 x と y があり，x の値が，$\frac{1}{2}$ 倍，$\frac{1}{3}$ 倍，…になると，それにともなって y の値が（　　）倍，（　　）倍，…になります。

● 下の表のあいているところに数を書きましょう。

① 深さ36cmの水そうに水をいっぱい入れます。水を入れる時間 y 分は，1分あたりに入る水の深さ x cm に反比例します。

1分あたりに入る水の深さ x (cm)	1	2	3	4	5	6
水を入れる時間 y (分)	36				7.2	

② 体積が120cm³の四角柱があります。四角柱の高さ y cm は底面積 x cm² に反比例します。

底面積 x (cm²)	1	2	3	4	5	6
高さ y (cm)		60				20

③ 面積が24cm²の平行四辺形があります。平行四辺形の高さ y cm は底辺 x cm に反比例します。

底辺 x (cm)	1	2	3	4	5	6
高さ y (cm)	24					4

10 比例と反比例
反比例の式（1）

名前

● 下の表は，18kmの道のりを進んだときの，時速 x km と
かかった時間 y 時間の関係を表したものです。

時速 x (km)	1	2	3	4	5	6
時間 y (時間)	18	9	6	4.5	3.6	3

① 表を縦に見て，x と y をかけると決まった数になります。
□にあてはまる数を書きましょう。

$$x \times y = \boxed{}$$

② ①から，y を x の式で表しましょう。

$$y = \boxed{} \div x$$

③ ②でつくった式を使って，次のときの y の値を求めましょう。

㋐ x の値が 1.5 のとき

式

答え＿＿＿＿＿＿＿＿

㋑ x の値が 10 のとき

式

答え＿＿＿＿＿＿＿＿

㋒ x の値が 12 のとき

式

答え＿＿＿＿＿＿＿＿

---

10 比例と反比例
反比例の式（2）

名前

● 下の表は，深さが 36cm の水そうに水をいっぱい入れるときの，
1分あたりに入る水の深さ x cm と水を入れる時間 y 分の関係を
表したものです。

1分あたりに入る水の深さ x (cm)	1	2	3	4	5	6
水を入れる時間 y (分)	36	18	12	9	7.2	6

① 1分あたりに入る水の深さ x cm とかかる時間 y 分の積は，
何を表していますか。

(　　　　　　　　　　　)

② y を x の式で表しましょう。　(　　　　　　　　　　　)

③ x の値が 20 のときの y の値を求めましょう。

式

答え＿＿＿＿＿＿＿＿

④ y の値が 2 のときの x の値を求めましょう。

式

答え＿＿＿＿＿＿＿＿

10 比例と反比例
反比例のグラフ（1）

名前

● 　下の表は，60kmの道のりを進んだときの，時速 x km とかかった時間 y 時間の関係を表したものです。下の表の x と y の値の組を，下のグラフに表しましょう。

時速 x（km）	1	2	3	4	5	6	10	20	30	40	50	60
時間 y（時間）	60	30	20	15	12	10	6	3	2	1.5	1.2	1

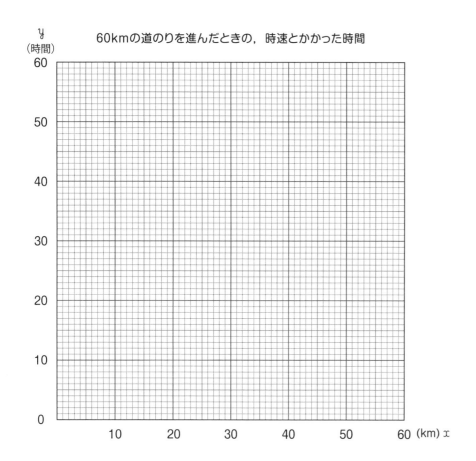

60kmの道のりを進んだときの，時速とかかった時間

10 比例と反比例
反比例のグラフ（2）

名前

● 　下の表は，面積が 24cm² の長方形の縦の長さ x cm と横の長さ y cm の関係を表したものです。下の表の x と y の値の組を，下のグラフに表しましょう。

縦の長さ x（cm）	1	2	3	4	5	6	8	10	12	15	20	24
横の長さ y（cm）	24	12	8	6	4.8	4	3	2.4	2	1.6	1.2	1

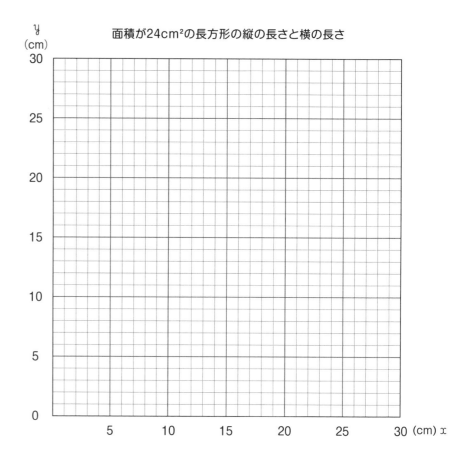

面積が24cm²の長方形の縦の長さと横の長さ

● 次の⑦, ①の, 2つの数量 x, y の関係について, それぞれ答えましょう。

⑦ 底辺が 4cm の平行四辺形の高さ $x$cm と面積 $y$cm²

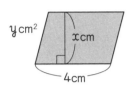

高さ x (cm)	1	2	3	4	5	6
面積 y (cm²)	4	8	12	16	20	24

① 面積が 36cm² の平行四辺形の底辺 $x$cm と高さ $y$cm

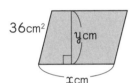

底辺 x (cm)	1	2	3	4	5	6
高さ y (cm)	36	18	12	9	7.2	6

① 比例か反比例かを書きましょう。

⑦ (　　　　　)　　　① (　　　　　)

② y を x の式で表しましょう。

⑦ (　　　　　)　　　① (　　　　　)

③ ⑦, ①の x, y の関係を表したグラフはどのようになりますか。
か〜けのうち, あてはまる (　　　) に⑦, ①の記号を書きましょう。

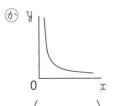 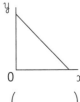 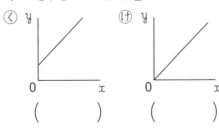

(　　　)　　(　　　)　　(　　　)　　(　　　)

● 次の⑦, ①の, 2つの数量 x, y の関係について, それぞれ答えましょう。

⑦ 12km の道のりを進むときの, 時速 $x$km と, かかる時間 y 時間

時速 x (km)	1	2	3	4	5	6
時間 y (時間)	12	6	4	3	2.4	2

① 時速 40km で進むときの, 進んだ時間 x 時間と, 道のり $y$km

時間 x (時間)	1	2	3	4	5	6
道のり y (km)	40	80	120	160	200	240

① 比例か反比例かを書きましょう。

⑦ (　　　　　)　　　① (　　　　　)

② y を x の式で表しましょう。

⑦ (　　　　　)　　　① (　　　　　)

③ ⑦, ①の x, y の関係を表したグラフはどのようになりますか。
か〜けのうち, あてはまる (　　　) に⑦, ①の記号を書きましょう。

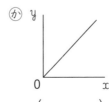 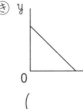 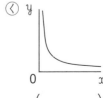 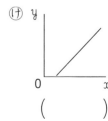

(　　　)　　(　　　)　　(　　　)　　(　　　)

● 下のグラフは，ゆうとさんとみゆさんが同じコースを同時に出発したときの，歩いた時間と道のりを表しています。

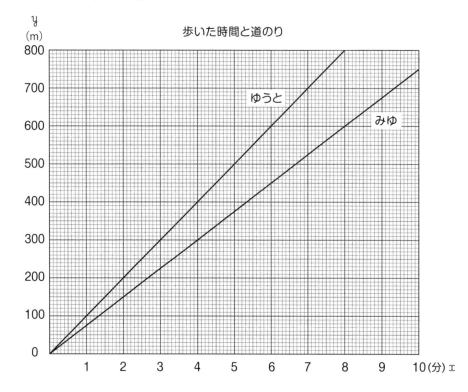

歩いた時間と道のり

① 2人が2分間で歩いた道のりは，それぞれ何mですか。

ゆうと （　　　　　　　）　　みゆ （　　　　　　　）

② 600mの地点を通過する2人の時間の差は何分ですか。

（　　　　　　　）

③ yをxの式で表しましょう。

ゆうと （　　　　　　　）　　みゆ （　　　　　　　）

① 2つの数量が比例しているものには㊰，反比例しているものには㊵，比例でも反比例でもないものには×を，□に書きましょう。

① 直方体のおふろに260Lのお湯を入れるときの，1分間に入れるお湯の量といっぱいになるまでにかかる時間

□

② 円の直径の長さと円周の長さ

□

③ 正方形の1辺の長さと面積

□

④ 時速50kmで走る自動車の時間と道のり

□

⑤ 100kmの道のりを走る自動車の速度とかかる時間

□

② 表のあいているところに，あてはまる数を書きましょう。

① 縦の長さが6cmの長方形の横の長さ x cm と面積 y cm²

横の長さ x (cm)	1	2	3	4	5	6
面積 y (cm²)		12				

② 面積が12cm²の長方形の縦の長さ x cm と横の長さ y cm

縦の長さ x (cm)	1	2	3	4	5	6
横の長さ y (cm)	12					

10 まとめのテスト (1)
比例と反比例

[知識・技能]

1 直方体の水そうに水を入れます。水を入れる時間 x 分と水の深さ y cm の関係を調べましょう。

① 表のあいているところに数を書きましょう。(5×2)

水を入れる時間 x (分)	1	2	3	4	5	6
水の深さ y (cm)	3	6		12		18

② ( ) にあてはまることばや数を書きましょう。(10)

水を入れる時間が2倍、3倍、…になると、水の深さも( )倍、( )倍、…になります。このとき、水の深さは、水を入れる時間に( )しているといいます。

③ y を x の式で表しましょう。(5)

( )

2 深さ36cmの直方体の水そうに水をいっぱい入れます。1分あたりに入る水の深さ x cm と、入れる時間 y 分の関係を調べましょう。

① 表のあいているところに数を書きましょう。(5×2)

1分あたりに入る水の深さ x (cm)	1	2	3	4	5	6
水を入れる時間 y (分)	36		12		7.2	6

② ( ) にあてはまることばや数を書きましょう。(10)

1分あたりに入る水の深さが2倍、3倍、…になると、水を入れる時間が( )倍、( )倍、…になります。このとき、1分あたりに入る水の深さと水を入れる時間は( )しているといいます。

③ y を x の式で表しましょう。(5)

( )

3 時速4kmで歩きます。歩く時間 x 時間と道のり y km は比例しています。

① 下の表を完成させましょう。(15)

時間 x (時間)	1	2	3	4	5	6
道のり y (km)						

② 上の表をグラフに表しましょう。(10)

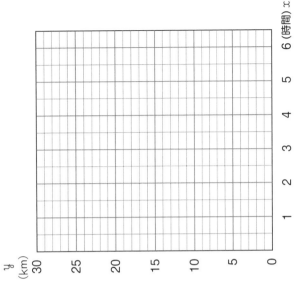

③ y を x の式で表しましょう。(5)

( )

④ 歩いた時間が次のときの道のりを、③でつくった式を使って求めましょう。(5×4)

⑦ 2時間30分のとき

式

答え ＿＿＿＿＿＿＿

① 8時間のとき

式

答え ＿＿＿＿＿＿＿

名前

10 まとめのテスト (2)
比例と反比例

[思考・判断・表現]

① 下のグラフは、自動車A、Bの走った時間 x 時間と道のり y km の関係を表したものです。A、B、x、y の関係について、それぞれ答えましょう。

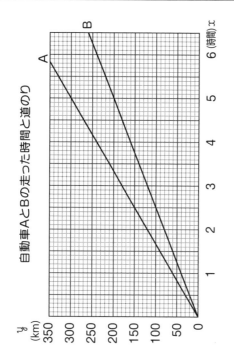

自動車AとBの走った時間と道のり

① 時速は何kmですか。(5×2)

A（　　　）　B（　　　）

② y を x の式で表しましょう。(5×2)

A（　　　）

B（　　　）

③ 3時間30分では何km進んでいますか。(5×2)

A（　　　）　B（　　　）

④ 150km を進むのに、何時間かかっていますか。(5×2)

A（　　　）

B（　　　）

⑤ スタートして5時間後に、AとBはどれだけはなれていますか。(10)

（　　　）

② 次の2つの量は、それぞれどのような関係ですか。比例している場合は⑦を、反比例している場合は⑦を、□に書きましょう。また、それぞれ y を x の式で表しましょう。(5×10)

① 面積が 24cm² になる平行四辺形の、底辺 x cm と高さ y cm

底辺 x (cm)	1	2	3	4	6	12
高さ y (cm)	24	12	8	6	4	2

y =（　　　）

② 1本の重さが 12g の、くぎの本数 x 本と重さ y g

本数 x (本)	1	2	3	4	5	6
重さ y (g)	12	24	36	48	60	72

y =（　　　）

③ 正方形の1辺の長さ x cm とまわりの長さ y cm

1辺の長さ x (cm)	1	2	3	4	5	6
まわりの長さ y (cm)	4	8	12	16	20	24

y =（　　　）

④ 深さ 40cm の水そうに水をいっぱいに入れるときの、1分間に入れる水の深さ x cm と、かかる時間 y 分

1分間に入れる水の深さ x (cm)	1	2	4	5	8	10
かかる時間 y (分)	40	20	10	8	5	4

y =（　　　）

⑤ 1m の重さが 14g の針金の、長さ x m と重さ y g

長さ x (m)	1	2	3	4	5	6
重さ y (g)	14	28	42	56	70	84

y =（　　　）

11 並べ方と組み合わせ方
並べ方 (1)

名前

● ゆきこ，こうき，さら，けいごの 4 人でリレーをします。
どんな走る順序があるか調べましょう。

> ゆきこ…ゆ　こうき…こ　さら…さ　けいご…け

① 1 番めに走る人を⑩，2 番めを©としたときの場合を，
すべて書きましょう。

　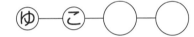

② 1 番めに走る人を⑩，2 番めを⑤としたときの場合を，
すべて書きましょう。

　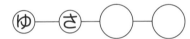

③ 1 番めに走る人を⑩，2 番めを⑰としたときの場合を，
すべて書きましょう。

④ ①，②，③をまとめて，樹形図にかいてみましょう。

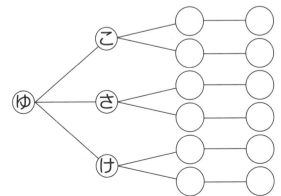

11 並べ方と組み合わせ方
並べ方 (2)

名前

● たいき，かほ，ふみや，あさひの 4 人でリレーをします。
どんな走る順序があるか，樹形図をかいて調べましょう。

> たいき…た　かほ…か　ふみや…ふ　あさひ…あ

① たを 1 番めにして，樹形図をかきましょう。何通りになりますか。

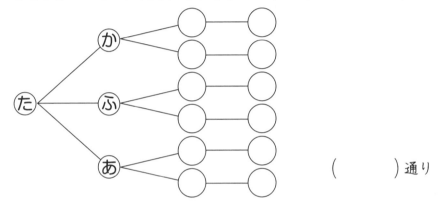

（　　　）通り

② かを 1 番めにして，樹形図をかきましょう。何通りになりますか。

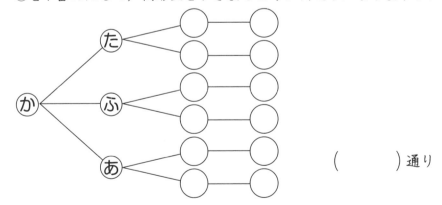

（　　　）通り

③ ふとあが 1 番めになる場合をふくめると，4 人が走る順序は
全部で何通りありますか。

（　　　）通り

① A，B，Cの3人が1列に並びます。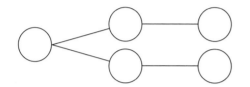

　① Aが1番左になる並び方を図に表して調べましょう。
　　Aが1番左になる並び方は，全部で何通りになりますか。

（　　　　）通り

　② A，B，Cの3人の並び方は，全部で何通りありますか。

（　　　　）通り

② A，B，C，Dの4人が1列に並びます。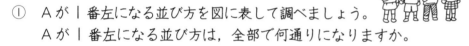

　① Aが1番左になる並び方を図に表して調べましょう。
　　Aが1番左になる並び方は，全部で何通りになりますか。
　【図】

（　　　　）通り

　② A，B，C，Dの4人の並び方は，全部で何通りありますか。

（　　　　）通り

① 1，2，3，4の4枚のカードを使って，4けたの整数を作ります。

　① 1のカードを千の位にした並べ方は，全部で何通りになりますか。
　　図に表して調べましょう。
　【図】

（　　　　）通り

　② 4枚のカードを使った整数は，全部で何通りできますか。
（　　　　）通り

② 0，4，6，7の4枚のカードを使って，4けたの整数を作ります。

　① 4枚のカードの中で，千の位にすると4けたの整数にならない
　　数字があります。それは，何ですか。

　② 4のカードを千の位にした並べ方は，全部で何通りありますか。

（　　　　）通り

　③ 0，4，6，7の4枚のカードを使った整数は全部で何通り
　できますか。　　　　　　　　　　　　　　（　　　　）通り

28

① 5, 6, 7, 8 の4枚のカードがあります。この4枚の中から2枚を選んで，2けたの整数を作ります。

① 5 を十の位にした場合，何通りできますか。
　右の図の続きをかいて調べましょう。

（　　　）通り

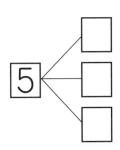

② 6 を十の位にした場合，何通りできますか。
　右に，図をかいて調べましょう。

（　　　）通り

【図】

③ 2けたの整数は，全部で何通りできますか。

（　　　）通り

② 0, 3, 8, 9 の4枚のカードがあります。この4枚の中から2枚を選んで，2けたの整数を作ります。
　2けたの整数は，全部で何通りできますか。

（　　　）通り

● バドミントンの試合を3回します。このとき，勝ち負けにはどんな場合がありますか。（引き分けはありません。）

① 1回めに勝った場合，何通りになりますか。図の続きをかいて調べましょう。（勝ちを○，負けを●でかきましょう。）

【図】

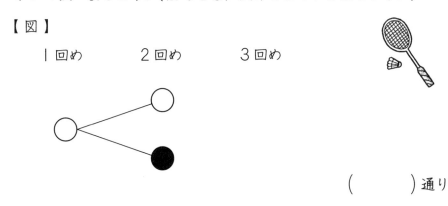

| 1回め | 2回め | 3回め |

（　　　）通り

② 1回めに負けた場合，何通りになりますか。図をかいて調べましょう。

【図】

| 1回め | 2回め | 3回め |

（　　　）通り

③ 全部で何通りになりますか。　　　（　　　）通り

11 並べ方と組み合わせ方
組み合わせ方 (1)

名前

● 　A, B, C, Dの4チームで試合をします。どのチームも，ちがった
チームと1回ずつ試合をするとき，どんな対戦があるのか，次の
2つの方法で調べましょう。

⑦　対戦表をかいて調べる方法

	A	B	C	D
A				
B				
C				
D				

①　A対Aのように，同じチーム
ですることはないので，そのます
には ＼ の線を引きましょう。

②　A対BとB対Aは同じです。
同じ対戦のますには，×をかき
ましょう。

③　全部で何試合になりますか。

（　　　　）試合

④　対戦相手と線をひく方法

A・　　　　・B

D・　　　　・C

①　AからB, C, Dに，線を引き
ましょう。

②　B, C, Dからも線を引きましょ
う。（同じところを通る線は，
ひきません。）

③　全部で何試合になりますか。

（　　　　）試合

11 並べ方と組み合わせ方
組み合わせ方 (2)

名前

1　A, B, C, D, Eの5チームで試合をします。どのチームも，ちがった
チームと1回ずつ試合をするとき，全部で何試合になりますか。
図か表に表して調べましょう。

【図・表】

（　　　　）試合

2　チョコレート，オレンジ，マンゴー，バニラ，グレープの5種類
のアイスクリームから4種類を選んで買います。何通りの買い方
がありますか。表を使って調べましょう。

チョコレート	オレンジ	マンゴー	バニラ	グレープ

（　　　　）通り

● 赤，青，黄，緑，ピンク，むらさきの6色のテープから，ちがう色の2本を選んでかざりを作ります。どんな組み合わせがありますか。
図か表に表して調べましょう。

【図・表】

① 組み合わせをすべて書きましょう。

② 全部で何通りになりますか。

（　　　　　）通り

● 駅前のカフェでは，飲み物をコーヒーか紅茶のどちらか選びます。
そして，スイーツを右の5種類のうちから2種類選んで注文します。

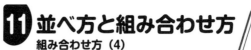

① コーヒーを選んだ場合，どんな組み合わせがありますか。図か表に表して調べましょう。

【図・表】

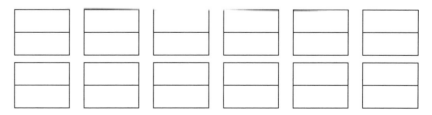

Ⓚクッキー
Ⓚケーキ
Ⓢシュークリーム
Ⓐアイスクリーム
Ⓚカステラ

② スイーツの組み合わせをすべて書きましょう。

③ コーヒーを選んだ場合，紅茶を選んだ場合，合わせて注文は何通りありますか。

（　　　　　）通り

11 並べ方と組み合わせ方
組み合わせ方 (5)

● あるレストランでは，下の Ⓐ，Ⓑ，Ⓒ から，それぞれ１つずつ選んで注文をします。注文のしかたは何通りありますか。

Ⓐ	Ⓑ	Ⓒ
ハンバーグ シチュー スープカレー	フレンチサラダ ポテトサラダ	アイスクリーム ゼリー プリン

① Ⓐでハンバーグを選んだ場合の選び方は，何通りありますか。下の樹形図の続きをかいて調べましょう。

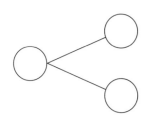

（　　　）通り

② Ⓐ，Ⓑ，Ⓒ，から，それぞれ１つずつ選ぶ注文のしかたは，全部で何通りありますか。

（　　　）通り

③ Ⓐ，Ⓑ，Ⓒに加えて，ごはんかパンを選ぶこともできます。全部で何通りになりますか。

（　　　）通り

---

11 ふりかえり・たしかめ (1)
並べ方と組み合わせ方

● A，B，C，D の４人がいます。

① ４人が縦１列に並びます。どんな並び方があるか調べましょう。

⑦ Aさんが先頭になる並び方は，何通りありますか。下の図に表して調べましょう。

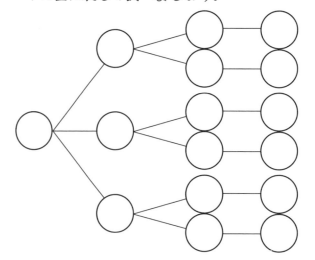

（　　　）通り

① ４人が縦１列になる並び方は，全部で何通りありますか。

（　　　）通り

② ４人が，１対１でじゃんけんをします。それぞれが別の人と１回ずつじゃんけんをします。全部で何回じゃんけんをすることになりますか。

（　　　）通り

③ ４人のうち３人ずつでボートに乗ります。３人ずつになる組み合わせは，全部で何通りありますか。

（　　　）通り

① 右の4種類のお金が1枚ずつあります。

① このうち2枚を組み合わせてできる
金額をすべて書きましょう。

$$\left(\right)$$

② 3枚を組み合わせてできる金額をすべて書きましょう。

$$\left(\right)$$

② 梅，こんぶ，ツナ，さけ，たらこの5種類の
おにぎりがあります。
5種類の中から2種類を選んで食べます。
どんな組み合わせがあって，何通りになりますか。
図か表に表して調べましょう。

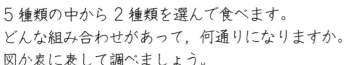

【図・表】

（　　　　　）通り

① ⓪，③，⑤，⑧の4枚のカードを使って，4けたの整数をつくります。

① 千の位を3にした場合，何通りの数ができますか。図に表して
調べましょう。

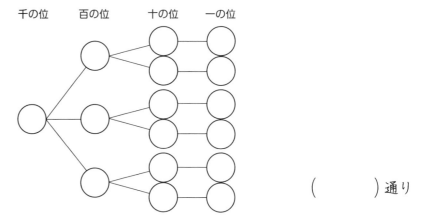

（　　　　　）通り

② ⓪，③，⑤，⑧の4枚のカードを使った整数は全部で
何通りできますか。

（　　　　　）通り

② ⑤，⑥，⑦，⑨の4枚のカードを使って，2けたの整数を作ります。

① ⑤を十の位にした場合，何通りできますか。
図に表して調べましょう。

【図】

（　　　　　）通り

② 2けたの整数は，全部で何通りできますか。

（　　　　　）通り

11 まとめのテスト
並べ方と組み合わせ方

月　　日
名前

[知識・技能]

① A, B, C, Dの4人でリレーをします。どんな走る順序があるか調べましょう。

① Aを1番めにした場合、何通りになりますか。図に表して調べましょう。(5×2)

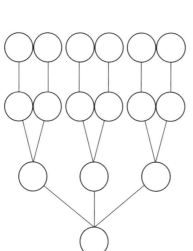

(　　　)通り

② B, C, Dを1番めにした場合、それぞれ何通りありますか。(10)

(　　　)通り

③ 全部で何通りになりますか。(10)

(　　　)通り

② A, B, C, D, Eの5チームで試合をします。どのチームも、ちがったチームと1回ずつ試合をするとき、組み合わせは、全部で何通りですか。表に表して調べましょう。(5×2)

(　　　)通り

	A	B	C	D	E
A					
B					
C					
D					
E					

③ A, B, C, Dの4人でボートに乗ります。3人ずつで乗ると、何通りの乗り方ができますか。下の表に表して調べましょう。(5×2)

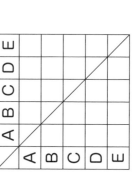

(　　　)通り

A	○	○	○	
B	○	○		
C	○			
D				

[思考・判断・表現]

④ あるレストランで、下のⒶ、Ⓑ、Ⓒから、それぞれ1つずつ選んで注文をします。注文のしかたは何通りあるか調べましょう。

Ⓐ	Ⓑ	Ⓒ
カレーライス	サラダ	ジュース
ハヤシライス	スープ	コーラ
オムライス		ミルク

① Ⓐからカレーライスを選んだ場合、何通りになるか、図に表して答えましょう。(10×2)

【図】

(　　　)通り

② 注文のしかたは、全部で何通りになりますか。(10)

(　　　)通り

⑤ 箱の中に赤と白の玉がたくさん入っています。中が見えないように、箱に手を入れて玉を取り出します。3回くりかえすとき、何通りの取り出し方がありますか。図に表して答えましょう。(10×2)

【図】

(　　　)通り

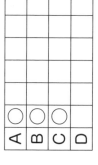

34

● 下の表は，6年1組，2組の反復横とびの結果を表したものです。

1組の反復横とびの記録

番号	回数(回)	番号	回数(回)	番号	回数(回)	番号	回数(回)
①	38	⑥	50	⑪	38	⑯	45
②	48	⑦	44	⑫	49	⑰	50
③	40	⑧	46	⑬	52	⑱	40
④	39	⑨	52	⑭	46		
⑤	45	⑩	46	⑮	46		

2組の反復横とびの記録

番号	回数(回)	番号	回数(回)	番号	回数(回)	番号	回数(回)
①	45	⑥	40	⑪	47	⑯	40
②	46	⑦	42	⑫	40	⑰	41
③	38	⑧	47	⑬	35	⑱	47
④	46	⑨	50	⑭	45	⑲	43
⑤	44	⑩	41	⑮	47		

① 1組，2組それぞれの平均値を求めましょう。

わりきれないときは，$\frac{1}{10}$ の位で四捨五入しましょう。

1組

式

答え ＿＿＿＿＿＿＿＿＿＿

2組

式

答え ＿＿＿＿＿＿＿＿＿＿

② 1組と2組を比べると，どちらの平均値の方が高いですか。

（　　　　　　　　　　　）

● 下の表は，6年1組，2組の反復横とびの結果を表したものです。
それぞれをドットプロットに表しましょう。

1組の反復横とびの記録

番号	回数(回)	番号	回数(回)	番号	回数(回)	番号	回数(回)
①	38	⑥	50	⑪	38	⑯	45
②	48	⑦	44	⑫	49	⑰	50
③	40	⑧	46	⑬	52	⑱	40
④	39	⑨	52	⑭	46		
⑤	45	⑩	46	⑮	46		

2組の反復横とびの記録

番号	回数(回)	番号	回数(回)	番号	回数(回)	番号	回数(回)
①	45	⑥	40	⑪	47	⑯	40
②	46	⑦	42	⑫	40	⑰	41
③	38	⑧	47	⑬	35	⑱	47
④	46	⑨	50	⑭	45	⑲	43
⑤	44	⑩	41	⑮	47		

1組

2組

● 下のドットプロットは，6年1組，2組の反復横とびの結果を表したものです。問いに答えましょう。

1組

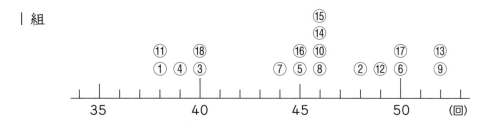

2組

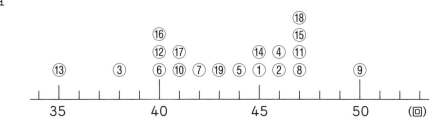

① 1組，2組それぞれの組の最頻値（モード）は何回ですか。

1組（　　　　　　　）　　　　2組（　　　　　　　）

② それぞれのドットプロットの，平均値を表すところに↑をかきましょう。（1組の平均値　約45回　　2組の平均値　約43回）

③ ドットプロットに平均値をかいて，気がついたことを書きましょう。

● 下のドットプロットは，6年1組，2組の反復横とびの結果を表したものです。それぞれを，度数分布表に整理しましょう。

1組

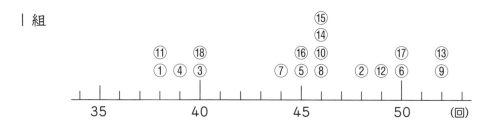

2組

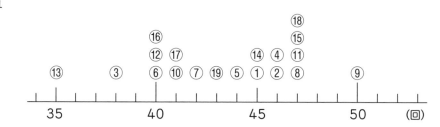

1組の反復横とびの記録

回数（回）	人数（人）
35以上 〜40未満	
40〜45	
45〜50	
50〜55	
合　計	

2組の反復横とびの記録

回数（回）	人数（人）
35以上 〜40未満	
40〜45	
45〜50	
50〜55	
合　計	

□1　下のドットプロットは，ある学校の6年生のソフトボール投げの記録を表したものです。度数分布表に整理しましょう。

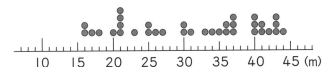

6年生の
ソフトボール投げの記録

記録(m)	人数(人)
15以上〜20未満	
20〜25	
25〜30	
30〜35	
35〜40	
40〜45	
合計	

□2　下のドットプロットは，ある学校の6年生の50m走の記録を表したものです。右の度数分布表に整理しましょう。

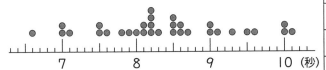

6年生の50m走の記録

記録(秒)	人数(人)
6.5以上〜7.0未満	
7.0〜7.5	
7.5〜8.0	
8.0〜8.5	
8.5〜9.0	
9.0〜9.5	
9.5〜10.0	
10.0〜10.5	
合計	

●　下の6年1組と2組の反復横とびの度数分布表を見て答えましょう。

1組の反復横とびの記録

回数(回)	人数(人)
35以上〜40未満	3
40〜45	3
45〜50	8
50〜55	4
合計	18

2組の反復横とびの記録

回数(回)	人数(人)
35以上〜40未満	2
40〜45	8
45〜50	8
50〜55	1
合計	19

①　40回以上45回未満の階級の度数は，それぞれ何人ですか。

1組（　　　　　　）　　　2組（　　　　　　）

②　回数が少ないほうから10番めは，それぞれどの階級にありますか。

1組（　　　　　　　　　　　　　　　　）

2組（　　　　　　　　　　　　　　　　）

③　45回以上の度数の合計を，それぞれ求めましょう。
　また，その割合は，全体の度数の合計のおよそ何%ですか。
　$\frac{1}{10}$の位を四捨五入して，整数で求めましょう。

1組（　　　　）人

式

　　　　　　　　　　　　　答え　　　　　　　%

2組（　　　　）人

式

　　　　　　　　　　　　　答え　　　　　　　%

● 下の度数分布表は，6年1組と2組のソフトボール投げの記録を整理したものです。下の問いに答えましょう。

1組のソフトボール投げの記録

記録 (m)	人数 (人)
10 以上〜 15 未満	2
15 〜 20	8
20 〜 25	2
25 〜 30	3
30 〜 35	3
35 〜 40	5
40 〜 45	7
合　計	30

2組のソフトボール投げの記録

記録 (m)	人数 (人)
10 以上〜 15 未満	3
15 〜 20	6
20 〜 25	3
25 〜 30	2
30 〜 35	4
35 〜 40	7
40 〜 45	4
合　計	29

① 度数がいちばん多い階級は，それぞれどの階級ですか。

1組（　　　　　　　　　　　　　　　　　）

2組（　　　　　　　　　　　　　　　　　）

② 投げたきょりが短いほうから10番めは，それぞれどの階級にありますか。

1組（　　　　　　　　　　　　　　　　　）

2組（　　　　　　　　　　　　　　　　　）

③ 40m以上投げた度数の割合は，全体の度数の合計のおよそ何%ですか。$\frac{1}{10}$の位を四捨五入して，整数で求めましょう。

1組
　式

　　　　　　　　　　　　　　　答え　　　　　　　%

2組
　式

　　　　　　　　　　　　　　　答え　　　　　　　%

● 下の6年1組と2組の反復横とびの度数分布表をヒストグラムに表しましょう。

1組の反復横とびの記録

回数 (回)	人数 (人)
35 以上〜 40 未満	3
40 〜 45	3
45 〜 50	8
50 〜 55	4
合　計	18

2組の反復横とびの記録

回数 (回)	人数 (人)
35 以上〜 40 未満	2
40 〜 45	8
45 〜 50	8
50 〜 55	1
合　計	19

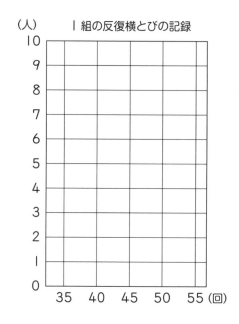

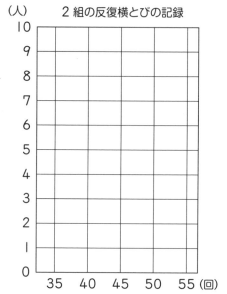

● 下の度数分布表は，6年1組と2組のソフトボール投げの記録を整理したものです。ヒストグラムに表しましょう。

1組のソフトボール投げの記録

記録（m）	人数（人）
10 以上〜15 未満	2
15〜20	8
20〜25	2
25〜30	3
30〜35	3
35〜40	5
40〜45	7
合　計	30

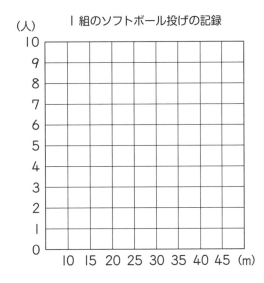

2組のソフトボール投げの記録

記録（m）	人数（人）
10 以上〜15 未満	3
15〜20	6
20〜25	3
25〜30	2
30〜35	4
35〜40	7
40〜45	4
合　計	29

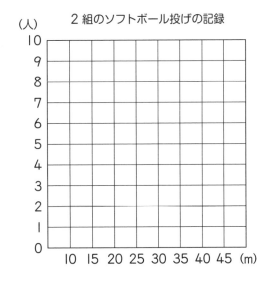

● 下のヒストグラムは，6年1組と2組のソフトボール投げの記録を表したものです。下の問いに答えましょう。

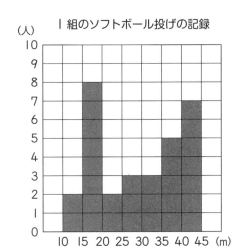

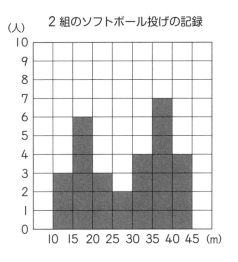

① 1組，2組で，いちばん度数が多いのは，それぞれどの階級ですか。

1組（　　　　　　　　　　　　　）

2組（　　　　　　　　　　　　　）

② 1組，2組の平均値は，それぞれどの階級に入りますか。
（　1組の平均値　約30　　　2組の平均値　約28　）

1組（　　　　　　　　　　　　　）

2組（　　　　　　　　　　　　　）

39

● 下のヒストグラムは，6年1組と2組の50m走の記録を表した
ものです。下の問いに答えましょう。

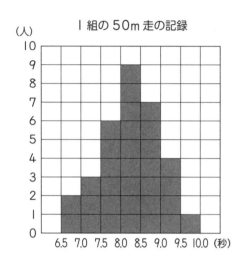
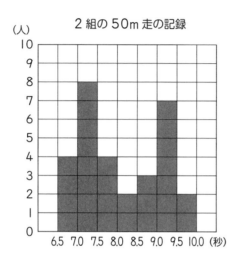

① 1組，2組で，いちばん度数が多いのは，それぞれどの階級ですか。

1組 （　　　　　　　　　　　　　　　　　）

2組 （　　　　　　　　　　　　　　　　　）

② 1組，2組のちらばりの様子の特ちょうを書きましょう。

1組 （　　　　　　　　　　　　　　　　　　）

2組 （　　　　　　　　　　　　　　　　　　）

● 下のヒストグラムは，6年1組と2組の1週間の読書時間の記録
を表したものです。下の問いに答えましょう。

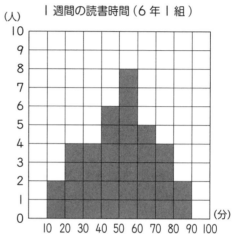
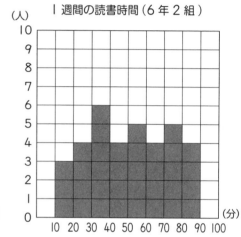

① 1組，2組で，1時間以上読書をした人は，それぞれ何人いますか。

1組 （　　　　　　） 　　2組 （　　　　　　）

② 1組，2組のちらばりの様子の特ちょうを書きましょう。

1組 （　　　　　　　　　　　　　　　　　　）

2組 （　　　　　　　　　　　　　　　　　　）

● 下のヒストグラムは，6年1組と2組で1学期間に図書室で借りた本の冊数の記録を表したものです。下の問いに答えましょう。

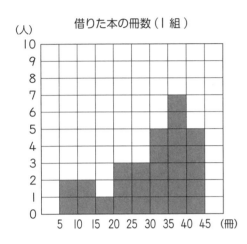

借りた本の冊数（1組）

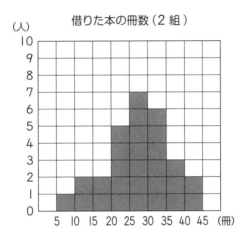

借りた本の冊数（2組）

① 1組，2組で，いちばん度数が多いのは，それぞれどの階級ですか。

1組（　　　　　　　　　　　　　　　　）

2組（　　　　　　　　　　　　　　　　）

② 30冊以上借りている人は，それぞれ何人ですか。

1組（　　　　　　）　　　　2組（　　　　　　）

③ 1組，2組のちらばりの様子の特ちょうを書きましょう。

1組（　　　　　　　　　　　　　　　　　）

2組（　　　　　　　　　　　　　　　　　）

● 下の度数分布表は，ある学校の6年生の1週間の読書時間の記録をまとめたものです。ヒストグラムに表して，下の問いに答えましょう。

1週間の読書時間（6年生）

記録（分）	人数（人）
0以上〜20未満	2
20〜40	2
40〜60	3
60〜80	7
80〜100	3
100〜120	3
120〜140	4
140〜160	6
合計	30

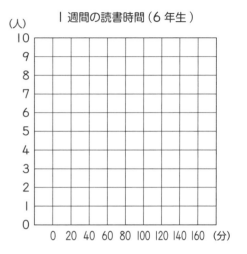

1週間の読書時間（6年生）

① 1時間も読書をしていない人は何人ですか。また，それは全体のおよそ何％ですか。$\frac{1}{10}$ の位を四捨五入して，整数で求めましょう。

（　　　　）人

式

答え　　　　　　　％

② 2時間以上読書をしている人は何人ですか。また，それは全体のおよそ何％ですか。$\frac{1}{10}$ の位を四捨五入して，整数で求めましょう。

（　　　　）人

式

答え　　　　　　　％

41

① 反復横とびの記録の中央値を求めましょう。

① データの値を，小さい順に並べました。中央値を求めましょう。

⑦　38　39　40　44　45　46　48　49　50

中央値（　　　　　　　　　）

⑦　35　38　39　40　42　44　45　47　50　52

中央値（　　　　　　　　　）

② ドットプロットから中央値を求めましょう。

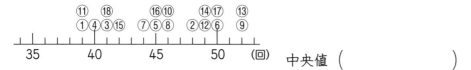

中央値（　　　　　　　　　）

② 中央値は，どの階級にありますか。

① 6年1組の反復横とびの記録

回数（回）	人数（人）
35以上〜40未満	3
40〜45	3
45〜50	8
50〜55	4
合　計	18

② 6年1組のソフトボール投げの記録

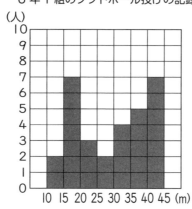

（　　　　　　　　　）（　　　　　　　　　）

● ドットプロットにある6年生のソフトボール投げの記録を整理しましょう。

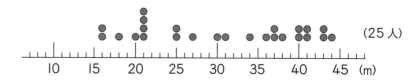

（25人）

① 記録を度数分布表に整理しましょう。

6年生のソフトボール投げの記録

記録（m）	人数（人）
15以上〜20未満	
20〜25	
25〜30	
30〜35	
35〜40	
40〜45	
合　計	

② 平均値を求めましょう。
（きょりの合計 766m）

式

答え＿＿＿＿＿＿＿＿＿＿＿＿＿＿

③ 最頻値を書きましょう。　　　（　　　　　　　　）

④ 中央値を書きましょう。　　　（　　　　　　　　）

⑤ 30m以上の度数の割合（％）を求めましょう。

式

答え＿＿＿＿＿＿＿＿＿＿＿＿＿＿

● 右のヒストグラムは，ある学校の 6 年生 25 人の 50m 走の記録を表したものです。

① 平均値は，約 8.2 秒です。平均値はどの階級にありますか。

（　　　　　　　　　　）

6 年生の 50m 走の記録

（人）

② 中央値は，どの階級にありますか。

（　　　　　　　　　　）

③ 最頻値は 8.5 秒でした。最頻値はどの階級にありますか。

（　　　　　　　　　　　　　　　）

④ 7.5 秒より速い度数の割合（%）を求めましょう。

式

答え　　　　　　　　　

⑤ 9 秒よりおそい度数の割合（%）を求めましょう。

式

答え　　　　　　　　　

● 下の表は，Ⓐさんとさんが収かくしたさつまいもの重さです。

Ⓐさんが収かくしたさつまいもの重さ (g)

① 278	② 305	③ 309	④ 297	⑤ 324
⑥ 308	⑦ 310	⑧ 280	⑨ 300	

（合計 2711g）

Ⓑさんが収かくしたさつまいもの重さ (g)

① 290	② 288	③ 303	④ 306	⑤ 274
⑥ 269	⑦ 331	⑧ 300	⑨ 315	⑩ 285

（合計 2961g）

① 平均値を求めましょう。$\frac{1}{10}$ の位を四捨五入して，整数で答えましょう。

Ⓐさんのさつまいも

式

答え　　　　　　　　　

Ⓑさんのさつまいも

式

答え　　　　　　　　　

② ドットプロットに表しましょう。

Ⓐさんのさつまいも

260　　270　　280　　290　　300　　310　　320　　330 (g)

Ⓑさんのさつまいも

260　　270　　280　　290　　300　　310　　320　　330 (g)

③ 平均値を↑でドットプロットにかきましょう。

④ それぞれ中央値は何 g ですか。

Ⓐさんのさつまいも

（　　　　　　）

Ⓑさんのさつまいも

（　　　　　　）

● 下のドットプロットは，Ⓐさんと®さんが収かくしたさつまいもの重さを表したものです。度数分布表に整理して答えましょう。

Ⓐさんのさつまいも

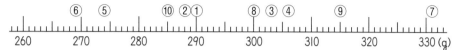

®さんのさつまいも

Ⓐさんのさつまいも	
重さ(g)	収かく数 (本)
260 以上～ 270 未満	
270 ～ 280	
280 ～ 290	
290 ～ 300	
300 ～ 310	
310 ～ 320	
320 ～ 330	
330 ～ 340	
合　計	

®さんのさつまいも	
重さ(g)	収かく数 (本)
260 以上～ 270 未満	
270 ～ 280	
280 ～ 290	
290 ～ 300	
300 ～ 310	
310 ～ 320	
320 ～ 330	
330 ～ 340	
合　計	

290g 以上 310g 未満の度数の割合 (%) をそれぞれ求めましょう。わりきれないときは，$\frac{1}{10}$ の位を四捨五入して，整数で答えましょう。

Ⓐさんのさつまいも

式

答え＿＿＿＿＿＿＿＿

®さんのさつまいも

式

答え＿＿＿＿＿＿＿＿

● 下のヒストグラムは，Ⓐさんと®さんが収かくしたにんじんの重さを表したものです。

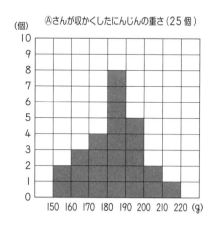
Ⓐさんが収かくしたにんじんの重さ (25個)

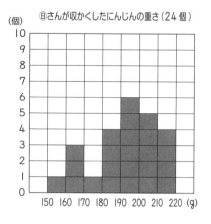
®さんが収かくしたにんじんの重さ (24個)

① 中央値は，それぞれどの階級にありますか。

Ⓐさんのにんじん（　　　　　）g 以上（　　　　　）g 未満

®さんのにんじん（　　　　　）g 以上（　　　　　）g 未満

② いちばん度数が多い階級は，それぞれどの階級で，その割合は何 % ですか。

Ⓐさんのにんじん（　　　　　）g 以上（　　　　　）g 未満

式

答え＿＿＿＿＿＿＿ %

®さんのにんじん（　　　　　）g 以上（　　　　　）g 未満

式

答え＿＿＿＿＿＿＿ %

● 下のグラフは，1985年，2020年の日本の人口について調べたものです。グラフを見て下の問いに答えましょう。

電たくを使ってもいいよ。

日本の年れい別人口

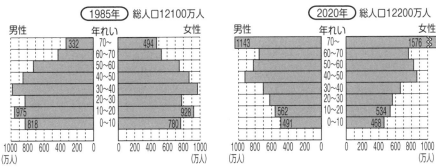

① 20才未満の人口は，それぞれおよそ何万人ですか。

1985年 (　　　　　　　　) 万人　　2020年 (　　　　　　　　) 万人

② 70才以上の人口は，それぞれおよそ何万人ですか。

それは，総人口のおよそ何％にあたりますか。$\frac{1}{10}$ の位を四捨五入して，整数で答えましょう。

1985年 (　　　　　　　) 万人

式

答え　　　　　　　%

2020年 (　　　　　　　) 万人

式

答え　　　　　　　%

● 下のダイヤグラムは，杉山駅と内田駅の間の列車の運行を表しています。10時から11時半までの運行を読み取って答えましょう。

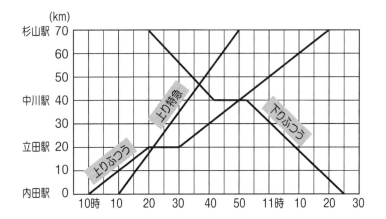

① 10時に内田駅を出発した列車は，立田駅で何分間とまっていますか。

(　　　　　　　)

② 10時に内田駅を出発した列車が杉山駅に着くのは，何時何分ですか。

(　　　　　　　)

③ 下りのふつう電車は，杉山駅から内田駅まで何分かかっていますか。

(　　　　　　　)

④ 上りの特急列車は，内田駅から杉山駅まで，上りのふつう列車より何分短い時間で着きますか。

(　　　　　　　)

● 下の表は，ある日の 6 年生 30 人の学習時間の記録です。

6 年生の学習時間 (分)

40	30	60	45	30	80	20	40	70	45
45	40	50	60	85	65	70	75	60	55
60	45	15	60	55	20	35	60	50	25

① ドットプロットに表しましょう。

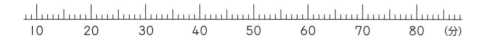

② 度数分布表にまとめましょう。

6 年生の学習時間

時間 (分)	人数 (人)
0 以上～20 未満	
20 ～ 40	
40 ～ 60	
60 ～ 80	
80 ～ 100	
合　計	

③ 平均値を求めましょう。

（合計 1490 分）

小数第一位を四捨五入しましょう。

式

答え _____

④ 最頻値を書きましょう。

答え _____

● 下の表は，ある日の 6 年生 30 人の学習時間を度数分布表にまとめたものです。

① ヒストグラムに表しましょう。

6 年生の学習時間

時間 (分)	人数 (人)
0 以上～20 未満	3
20 ～ 40	6
40 ～ 60	8
60 ～ 80	9
80 ～ 100	4
合　計	30

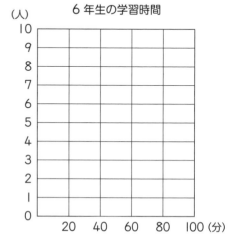

② 中央値は，どの階級にありますか。

（　　　　　）分以上　（　　　　　）分未満

③ いちばん度数が多いのは，どの階級ですか。
また，その割合は，全体の度数の合計の何 % ですか。

（　　　　　）分以上　（　　　　　）分未満

式

答え _____

④ 20 分未満の割合は，全体の度数の合計の何 % ですか。

式

答え _____

名前

12 まとめのテスト
データの調べ方

[知識・技能]

① 下の表は、ある6年生のボール投げの記録です。下の問いに答えましょう。

6年生のボール投げの記録 (m)

① 19	② 38	③ 24	④ 20
⑤ 21	⑥ 32	⑦ 30	⑧ 13
⑨ 40	⑩ 17	⑪ 20	⑫ 20
⑬ 37	⑭ 33	⑮ 25	⑯ 14
⑰ 36	⑱ 22	⑲ 34	⑳ 27

① 平均値を求めましょう。(合計522m)(5×2)

式

答え _____

② ドットプロットに表しましょう。(10)

```
10  15  20  25  30  35  40 (m)
```

③ 中央値を求めましょう。(10)

答え _____

④ 度数分布表に表しましょう。(10)

6年生のボール投げの記録 (m)

記録 (m)	人数 (人)
10以上～15未満	
15～20	
20～25	
25～30	
30～35	
35～40	
40～45	
合計	

⑤ ④の表を見て、次の問いに答えましょう。(5×2)

⑦ 投げたきょりが、30m以上の人は何人ですか。

( )

① いちばん度数が多いのは、どの階級ですか。

( )

[思考・判断・表現]

② 畑でとれたトマトの重さをヒストグラムに表しました。次の問いに答えましょう。

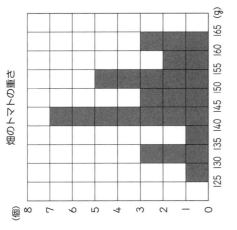

畑のトマトの重さ

（個）　125 130 135 140 145 150 155 160 165 (g)

① 中央値はどの階級にありますか。(10)

( )

② 重いほうから10番めのトマトは、どの階級にありますか。(10)

( )

③ いちばん度数が多いのは、どの階級ですか。また、その割合は、全体の度数の合計の何%ですか。(5×3)

階級 ( )

式

答え ( )

④ 150gより重いトマトは何個ですか。また、その個数の割合は、全体の度数の合計の何%ですか。(5×3)

個数 ( )

式

答え ( )

13 算数のしあげ
数と計算 (1)

● 次の数を書きましょう。

① 1億を6こ，10万を7こ，1万を3こあわせた数。

（　　　　　　　　　　　）

② 10兆を4こ，10億を5こあわせた数。

（　　　　　　　　　　　）

③ 1兆を26こ，1億を493こ，1万を580こあわせた数。

（　　　　　　　　　　　）

④ 1000を351こ集めた数。

（　　　　　　　　　　　）

⑤ 1000を40900こ集めた数。

（　　　　　　　　　　　）

⑥ 29740000は，1000を何こ集めた数ですか。

（　　　　　　　　　　）こ

⑦ 4200万を100倍した数。

（　　　　　　　　　　　）

⑧ 5090億を100倍した数。

（　　　　　　　　　　　）

⑨ 86万を $\frac{1}{100}$ にした数。

（　　　　　　　　　　　）

⑩ 405億を $\frac{1}{100}$ にした数。

（　　　　　　　　　　　）

---

13 算数のしあげ
数と計算 (2)

● 次の数を書きましょう。

① 10を7こ，1を3こ，0.1を8こ，0.01を9こ，0.001を4こあわせた数。

（　　　　　　　　　　　）

② 1を6こ，0.01を3こあわせた数。

（　　　　　　　　　　　）

③ 0.1を28こ集めた数。

（　　　　　　　　　　　）

④ 0.01を307こ集めた数。

（　　　　　　　　　　　）

⑤ 7.52は0.01を何こ集めた数ですか。

（　　　　　　　　　　）こ

⑥ 3.8は0.01を何こ集めた数ですか。

（　　　　　　　　　　）こ

⑦ 4.3を100倍した数。

（　　　　　　　　　　　）

⑧ 2.6を $\frac{1}{100}$ にした数。

（　　　　　　　　　　　）

⑨ 5を $\frac{1}{100}$ にした数。

（　　　　　　　　　　　）

⑩ $\frac{1}{8}$ を5こ集めた数。

（　　　　　　　　　　　）

⑪ 3は $\frac{1}{10}$ を何こ集めた数ですか。

（　　　　　　　　　　）こ

⑫ 2は $\frac{1}{6}$ を何こ集めた数ですか。

（　　　　　　　　　　）こ

13 算数のしあげ
数と計算（3）

□1 次の分数を，小数で表しましょう。

① $\frac{4}{5}$　（　　　　　）　　② $\frac{11}{4}$　（　　　　　）

③ $\frac{9}{8}$　（　　　　　）　　④ $2\frac{3}{8}$　（　　　　　）

⑤ $3\frac{1}{2}$　（　　　　　）　　⑥ $\frac{9}{20}$　（　　　　　）

⑦ $\frac{6}{25}$　（　　　　　）　　⑧ $\frac{16}{25}$　（　　　　　）

□2 次の小数や整数を，分数で表しましょう。

① 0.3　$\left(\qquad\right)$　　② 0.6　$\left(\qquad\right)$

③ 0.09　$\left(\qquad\right)$　　④ 0.12　$\left(\qquad\right)$

⑤ 2.04　$\left(\qquad\right)$　　⑥ 0.64　$\left(\qquad\right)$

⑦ 8　$\left(\qquad\right)$　　⑧ 12　$\left(\qquad\right)$

---

13 算数のしあげ
数と計算（4）

□1 次の分数を，小数で表しましょう。

① $\frac{2}{5}$　（　　　　　）　　② $\frac{3}{4}$　（　　　　　）

③ $\frac{5}{8}$　（　　　　　）　　④ $\frac{8}{5}$　（　　　　　）

⑤ $4\frac{1}{4}$　（　　　　　）　　⑥ $1\frac{1}{8}$　（　　　　　）

□2 次の小数や整数を，分数で表しましょう。

① 0.3　$\left(\qquad\right)$　　② 0.27　$\left(\qquad\right)$

③ 0.8　$\left(\qquad\right)$　　④ 2.25　$\left(\qquad\right)$

⑤ 0.06　$\left(\qquad\right)$　　⑥ 3　$\left(\qquad\right)$

□3 □にあてはまる不等号を書きましょう。

① 0.87 □ $\frac{7}{8}$　　② $1\frac{2}{5}$ □ 1.43

③ $\frac{4}{7}$ □ 0.52　　④ 2.29 □ $2\frac{2}{9}$

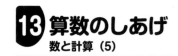

① ①～⑤には整数か小数を，⑥～⑩ には分数を書きましょう。

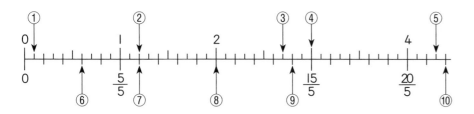

① (　　　) ② (　　　) ③ (　　　) ④ (　　　) ⑤ (　　　)

⑥ (　　　) ⑦ (　　　) ⑧ (　　　) ⑨ (　　　) ⑩ (　　　)

② 次の㋐～㋔，㋕～㋙にあてはまる小数を書きましょう。

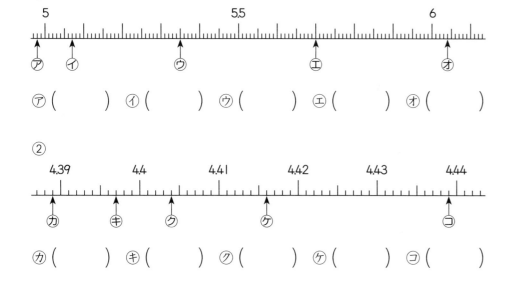

①

㋐ (　　　) ㋑ (　　　) ㋒ (　　　) ㋓ (　　　) ㋔ (　　　)

②

㋕ (　　　) ㋖ (　　　) ㋗ (　　　) ㋘ (　　　) ㋙ (　　　)

① 8000 ＋ 5600

② 4700 ＋ 53000

③ 6300 ＋ 25000

④ 637 ＋ 7986

⑤ 847 ＋ 153

⑥ 9534 ＋ 1666

⑦ 8000 － 5600

⑧ 14000 － 7900

⑨ 8005 － 496

⑩ 7200 － 453

⑪ 607 － 68

⑫ 1000 － 195

① 5.6＋3.8

② 23.7＋5.3

③ 72.5＋7.5

④ 30.6＋4.93

⑤ 9.26＋20.9

⑥ 4.58＋6.47

⑦ 43.92＋6.08

⑧ 3.78＋6.4

⑨ 6.2－5.8

⑩ 7.67－3

⑪ 9.54－1.5

⑫ 5.624－0.85

⑬ 10.2－8.63

⑭ 8－7.16

⑮ 4.2－1.71

⑯ 1－0.094

① 7.43＋1.6

② 2.06＋1.4

③ 8.93＋4.17

④ 0.92＋9.1

⑤ 5.57＋4.43

⑥ 8＋3.26

⑦ 0.93＋0.17

⑧ 0.09＋0.91

⑨ 6.23－4.86

⑩ 0.6－0.23

⑪ 5.4－4.46

⑫ 3－0.72

⑬ 3.06－2.76

⑭ 3.62－2.6

⑮ 1－0.57

⑯ 5.5－4.88

① $\dfrac{5}{12} + \dfrac{7}{12}$

② $\dfrac{3}{4} + \dfrac{2}{3}$

③ $\dfrac{3}{8} + \dfrac{5}{6}$

④ $\dfrac{2}{9} + \dfrac{2}{3}$

⑤ $1\dfrac{1}{8} + 2\dfrac{2}{3}$

⑥ $1\dfrac{5}{6} + \dfrac{3}{4}$

⑦ $1 - \dfrac{5}{8}$

⑧ $\dfrac{5}{7} - \dfrac{2}{5}$

⑨ $\dfrac{4}{5} - \dfrac{1}{2}$

⑩ $3 - 1\dfrac{1}{4}$

⑪ $4\dfrac{5}{9} - 2\dfrac{1}{6}$

⑫ $3\dfrac{2}{3} - \dfrac{3}{4}$

① $\dfrac{5}{8} + \dfrac{7}{12} + \dfrac{5}{6}$

② $\dfrac{3}{5} + \dfrac{2}{3} - \dfrac{8}{15}$

③ $\dfrac{5}{6} + \dfrac{1}{2} + \dfrac{7}{12}$

④ $4 - \dfrac{5}{6} - \dfrac{20}{21}$

⑤ $\dfrac{15}{8} - \dfrac{7}{12} + \dfrac{3}{4}$

⑥ $4\dfrac{1}{2} - \dfrac{5}{6} - \dfrac{7}{8}$

⑦ $9 - \dfrac{1}{4} + \dfrac{2}{3}$

⑧ $1\dfrac{1}{2} + 2\dfrac{3}{4} + 1\dfrac{7}{8}$

⑨ $2\dfrac{4}{5} - \dfrac{3}{4} - 1\dfrac{3}{10}$

⑩ $1\dfrac{2}{3} + 1\dfrac{4}{5} + \dfrac{4}{15}$

13 算数のしあげ
数と計算 (11)

① 小数を分数で表して計算しましょう。

① $0.4 + \dfrac{2}{3}$　　　② $\dfrac{4}{9} - 0.2$

③ $0.3 + \dfrac{1}{3}$　　　④ $1\dfrac{4}{7} + 0.6$

⑤ $2\dfrac{1}{9} - 0.5$　　　⑥ $1.1 - \dfrac{3}{4}$

② 分数を小数で表して計算しましょう。

① $0.4 + \dfrac{1}{5}$　　　② $1.25 - \dfrac{1}{4}$

③ $\dfrac{2}{5} - 0.12$　　　④ $\dfrac{3}{2} - 1.05$

⑤ $1.55 + \dfrac{3}{4}$　　　⑥ $0.75 - \dfrac{5}{8}$

---

13 算数のしあげ
数と計算 (12)

① □にあてはまる数を書きましょう。

① $(279 + 65) + 35 = 279 + (\boxed{} + 35)$

② $2.9 + 18.5 = \boxed{} + 2.9$

② 計算をしましょう。

① $389 + 246 + 54$　　　② $7.3 + 4.9 + 2.7$

③ $1000 - (540 - 300)$

④ $5.6 - (2.7 - 1.2)$

⑤ $23.6 + (15 - 8.6)$

⑥ $35.2 - (11.9 + 2.1)$

⑦ $\dfrac{5}{4} - \left(\dfrac{1}{6} + \dfrac{2}{3}\right)$　　　⑧ $\dfrac{5}{6} - \left(\dfrac{11}{12} - \dfrac{2}{3}\right)$

⑨ $\dfrac{5}{12} + \left(\dfrac{5}{4} - \dfrac{2}{3}\right)$　　　⑩ $\dfrac{23}{24} - \left(\dfrac{3}{8} + \dfrac{1}{3}\right)$

● 次の数量の関係を，文章のとおりに x や y を使った式に
表しましょう。

① 120円のパンと x 円の牛乳（ぎゅうにゅう）を買ったら，代金は y 円になりました。

② 映画（えいが）を見ている大人は 45 人で，それより x 人少ないのが
子どもの人数 y 人です。

③ x kg のお母さんが，8kg の赤ちゃんをだっこすると，
合わせて y kg になります。

④ 全部で x ページある本の 75 ページを読んだので，
残りは y ページになりました。

⑤ 赤色と黄色のチューリップが全部で x 本さいています。
赤色は 28 本なので，黄色は y 本です。

● 問題文にふさわしい式を選んで，線でむすびましょう。

①

ア　2.4m の重さが 42g の針金（はりがね）があります。この針金 1m の重さは何 g ですか。

イ　1m の重さが 42g の針金があります。この針金 2.4m の重さは何 g ですか。

42 ÷ 2.4

42 × 2.4

②

ア　1m の重さが 2.4kg のパイプがあります。このパイプ 0.8m では，何 kg になりますか。

イ　1m の重さが 0.8kg のパイプがあります。このパイプ 2.4kg では，何 m になりますか。

ウ　2.4m の重さが 0.8kg のパイプがあります。このパイプ 1m は何 kg ですか。

2.4 ÷ 0.8

0.8 ÷ 2.4

2.4 × 0.8

③

ア　$0.8m^2$ の畑に 0.6L の肥料をまきます。$1m^2$ あたり何 L まくことになりますか。

イ　$1m^2$ に 0.6L の肥料をまきます。$0.8m^2$ の畑では，何 L の肥料がいりますか。

0.6 × 0.8

0.6 ÷ 0.8

① 47 × 27

② 569 × 38

③ 704 × 86

④ 326 × 214

⑤ 439 × 527

⑥ 478 × 609

⑦ 7.4 × 6

⑧ 9.2 × 65

⑨ 2.4 × 7.6

⑩ 9.25 × 3.7

⑪ 8.06 × 5.7

⑫ 2.65 × 0.28

● 次のわり算をわりきれるまでしましょう。

① 296 ÷ 4

② 276 ÷ 46

③ 162 ÷ 27

④ 546 ÷ 21

⑤ 416 ÷ 26

⑥ 306 ÷ 18

⑦ 84.6 ÷ 9

⑧ 21 ÷ 6

⑨ 8.2 ÷ 2.5

⑩ 15.7 ÷ 3.14

⑪ 37.4 ÷ 0.85

⑫ 0.611 ÷ 0.94

① 0.83 × 0.6　　② 2.15 × 4.6　　③ 8.04 × 0.7

④ 8.67 × 0.73　　⑤ 0.06 × 0.79　　⑥ 0.12 × 0.24

⑦ 0.25 × 0.16　　⑧ 27 × 0.18　　⑨ 42.3 × 0.54

⑩ 0.04 × 0.5　　⑪ 28 × 0.07　　⑫ 6.8 × 0.06

● 次のわり算をわりきれるまでしましょう。

① 0.9 ÷ 0.4　　② 43.4 ÷ 3.5　　③ 6.6 ÷ 0.8　　④ 5.8 ÷ 0.5

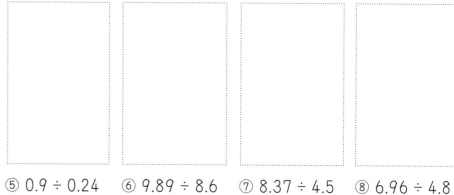

⑤ 0.9 ÷ 0.24　　⑥ 9.89 ÷ 8.6　　⑦ 8.37 ÷ 4.5　　⑧ 6.96 ÷ 4.8

⑨ 3.354 ÷ 6.5　　⑩ 2.35 ÷ 9.4　　⑪ 17 ÷ 0.25　　⑫ 7.93 ÷ 2.6

● 次のわり算の商は一の位まで求めて，あまりも出しましょう。
また，①〜③は，検算もしましょう。

① 12.7 ÷ 5

② 3.8 ÷ 0.7

③ 10.4 ÷ 3.7

あまり

検算

（　　　　　　） （　　　　　　） （　　　　　　）

④ 38.6 ÷ 4.8

⑤ 8.7 ÷ 2.6

⑥ 35.1 ÷ 6.8

⑦ 3.57 ÷ 0.79

⑧ 4.5 ÷ 0.12

⑨ 73 ÷ 3.5

● 商は四捨五入して，上から 2 けたのがい数で求めましょう。

① 8.6 ÷ 5.2

② 5.08 ÷ 2.3

③ 39 ÷ 16

④ 30.4 ÷ 4.6

⑤ 82.3 ÷ 3.2

⑥ 2.74 ÷ 0.12

⑦ 4.57 ÷ 5.2

⑧ 2.7 ÷ 4.3

⑨ 6 ÷ 8.5

① $\dfrac{11}{6} \times 4$

② $\dfrac{12}{35} \times \dfrac{21}{32}$

③ $\dfrac{5}{14} \times \dfrac{7}{10}$

④ $\dfrac{4}{15} \times \dfrac{3}{8}$

⑤ $3\dfrac{1}{8} \times 2\dfrac{2}{15}$

⑥ $4\dfrac{4}{5} \times 1\dfrac{7}{18}$

⑦ $4\dfrac{1}{12} \times 1\dfrac{1}{14}$

⑧ $3 \times \dfrac{5}{21}$

⑨ $4 \times 1\dfrac{1}{12}$

⑩ $7\dfrac{1}{2} \times \dfrac{4}{45}$

⑪ $8\dfrac{2}{3} \times 1\dfrac{2}{13}$

⑫ $4\dfrac{1}{4} \times \dfrac{12}{17}$

① $4 \div \dfrac{2}{5}$

② $\dfrac{1}{12} \div \dfrac{5}{6}$

③ $\dfrac{5}{7} \div \dfrac{15}{28}$

④ $\dfrac{2}{5} \div \dfrac{8}{55}$

⑤ $4\dfrac{1}{6} \div 2\dfrac{1}{2}$

⑥ $3\dfrac{1}{3} \div 2\dfrac{2}{9}$

⑦ $\dfrac{5}{8} \div 6\dfrac{1}{4}$

⑧ $\dfrac{2}{3} \div 6$

⑨ $5\dfrac{2}{3} \div 51$

⑩ $3\dfrac{1}{5} \div 2\dfrac{2}{3}$

⑪ $8\dfrac{1}{6} \div 1\dfrac{5}{9}$

⑫ $4 \div 2\dfrac{2}{9}$

① $\dfrac{3}{4} \times 12$

② $\dfrac{9}{14} \times \dfrac{7}{12}$

③ $\dfrac{3}{2} \times \dfrac{4}{15}$

④ $8 \times \dfrac{3}{4}$

⑤ $1\dfrac{5}{9} \times \dfrac{6}{7}$

⑥ $1\dfrac{5}{8} \times \dfrac{12}{13}$

⑦ $\dfrac{9}{10} \div 6$

⑧ $\dfrac{4}{15} \div \dfrac{3}{10}$

⑨ $\dfrac{7}{20} \div \dfrac{14}{5}$

⑩ $9 \div \dfrac{3}{5}$

⑪ $1\dfrac{1}{3} \div 1\dfrac{1}{15}$

⑫ $\dfrac{3}{4} \div 1\dfrac{1}{5}$

① $\dfrac{5}{6} \times \dfrac{9}{10} \div 2$

② $\dfrac{8}{15} \times \dfrac{3}{4} \times \dfrac{5}{12}$

③ $\dfrac{4}{5} \div 5 \div \dfrac{1}{10}$

④ $\dfrac{8}{9} \div 1\dfrac{1}{3} \times \dfrac{4}{5}$

⑤ $\dfrac{5}{9} \div \dfrac{2}{3} \times \dfrac{4}{5}$

⑥ $\dfrac{2}{3} \div 8 \times \dfrac{2}{7}$

⑦ $\dfrac{1}{5} \div 12 \times 15$

⑧ $\dfrac{2}{3} \div 6 \div \dfrac{3}{5}$

⑨ $7\dfrac{1}{2} \div \dfrac{5}{21} \div 1\dfrac{1}{2}$

⑩ $4\dfrac{1}{2} \times 2\dfrac{2}{3} \div 1\dfrac{1}{2}$

① $0.2 \times \dfrac{2}{3} \div 1.2$

② $1.5 \div \dfrac{3}{4} \times \dfrac{2}{3}$

③ $\dfrac{3}{4} \div 0.12 \times \dfrac{4}{5}$

④ $\dfrac{5}{8} \times 1\dfrac{2}{3} \times 0.4$

⑤ $0.35 \div 3\dfrac{1}{2} \div \dfrac{4}{5}$

⑥ $0.16 \times \dfrac{5}{8} \div \dfrac{4}{9}$

⑦ $\dfrac{5}{9} \times \dfrac{3}{4} \div 0.6$

⑧ $\dfrac{5}{12} \times 0.08 \div 1.5$

⑨ $4\dfrac{1}{5} \div 4\dfrac{2}{3} \div 0.2$

⑩ $7.5 \div 3 \div \dfrac{1}{5}$

小数や整数は
分数で表して
計算しよう。

① $35 - 27 \div 3$

② $(7.4 - 3.9) \div 0.25$

③ $(9.3 + 0.8) \times (7.3 - 4.5)$

④ $\dfrac{8}{5} \div 0.7 \times 35$

⑤ $5 - \dfrac{2}{3} \times \dfrac{9}{10} \div 0.8$

⑥ $\dfrac{6}{7} \div 0.6 \times 0.35$

⑦ $1.5 \div \dfrac{4}{5} \div 0.25 - 5$

⑧ $1\dfrac{1}{3} \times 2\dfrac{1}{4} \div 1.5 + 8$

● くふうして計算します。□にあてはまる数を書きましょう。

①　$15 \times 25 \times 4 = 15 \times \boxed{}$

$= \boxed{}$

②　$9.7 \times 1.3 - 7.7 \times 1.3 = (\boxed{} - 7.7) \times 1.3$

$= \boxed{} \times 1.3$

$= \boxed{}$

③　$(\dfrac{3}{4} - \dfrac{2}{5}) \times 100 = \dfrac{3}{4} \times \boxed{} - \dfrac{2}{5} \times \boxed{}$

$= 75 - \boxed{}$

$= \boxed{}$

④　$25 \times 998 = 25 \times (1000 - \boxed{})$

$= 25 \times 1000 - 25 \times \boxed{}$

$= \boxed{}$

1　順序に気をつけて計算しましょう。

①　$4 \times 8 - 6 \div 2$

②　$4 \times (8 - 6) \div 2$

③　$4 \times (8 - 6 \div 2)$

④　$(4 \times 8 - 6) \div 2$

2　くふうして計算します。□にあてはまる数を書きましょう。

①　$25 \times 28 = 25 \times (\boxed{} \times 7)$

$= (25 \times \boxed{}) \times 7$

$= \boxed{}$

②　$102 \times 68 = (100 + 2) \times \boxed{}$

$= 100 \times \boxed{} + 2 \times \boxed{}$

$= \boxed{}$

① 次の数を，偶数と奇数に分けて書きましょう。

0, 34, 61, 247, 9732

偶数（　　　　　　　　　　　）　奇数（　　　　　　　　　　）

② （　）の中の数の，最小公倍数を求めましょう。

① （3, 4）　[　　　]　　② （8, 12）　[　　　]

③ （12, 20）　[　　　]　　④ （3, 5, 6）　[　　　]

③ （　）の中の数の，最大公約数を求めましょう。

① （6, 12）　[　　　]　　② （16, 24）　[　　　]

③ （36, 24）　[　　　]　　④ （18, 24, 36）　[　　　]

④ 次の数量の関係を，文章のとおりにxやyを
使った式に表しましょう。

① 1本80円のえん筆をx本買ったら，代金はy円でした。

（　　　　　　　　　　　）

② $x$kgの重さの2.6倍は，$y$kgです。

（　　　　　　　　　　　）

① 次の数を，〔　〕の中の位までのがい数にして，（　）に書きましょう。

① 8901〔千の位〕　　（　　　　　　　　）

② 3268〔千の位〕　　（　　　　　　　　）

③ 36847〔一万の位〕　（　　　　　　　　）

④ 295249〔一万の位〕　（　　　　　　　　）

⑤ 524596〔十万の位〕　（　　　　　　　　）

⑥ 6963773〔十万の位〕　（　　　　　　　　）

② 次の数を，上から1けたのがい数にして，（　）に書きましょう。

① 8206 （　　　　　）　② 27300 （　　　　　）

③ 0.428 （　　　　　）　④ 9700 （　　　　　）

③ 次のときの整数のはんいを，「以上」と「未満」を使って表しましょう。

① 四捨五入して，十の位までのがい数にすると，120になる
整数のはんい

（　　　　　　）以上　（　　　　　　）未満

② 四捨五入して，千の位までのがい数にすると，66000になる
整数のはんい

（　　　　　　）以上　（　　　　　　）未満

13 算数のしあげ
数と計算 (31)

① 百の位までのがい数にして，答えを見積もりましょう。

① 452 + 248　　　（　　　　　　　）

② 3409 + 4983　　（　　　　　　　）

③ 1264 − 352　　　（　　　　　　　）

④ 983 − 409　　　（　　　　　　　）

⑤ 1000 − (373 + 528)　（　　　　　　　）

② 上から１けたのがい数にして，積や商を見積もりましょう。

① 736 × 750　　（　　　　　　　）

② 4720 × 408　（　　　　　　　）

③ 5821 ÷ 178　（　　　　　　　）

④ 76352 ÷ 39　（　　　　　　　）

⑤ 107569 ÷ 23　（　　　　　　　）

13 算数のしあげ
数と計算 (32)

① 四捨五入して，〔　〕の位までのがい数にして，答えを見積もりましょう。

① 〔千の位〕72460 + 56730　　（　　　　　　　）

② 〔千の位〕467700 − 50360　（　　　　　　　）

③ 〔百の位〕729 + 1068　　　（　　　　　　　）

④ 〔百の位〕1270 − 660　　　（　　　　　　　）

⑤ 〔十の位〕563 − (49 + 263)　（　　　　　　　）

② 四捨五入して，上から１けたのがい数にして，積や商を見積もりましょう。

① 624 × 374　　（　　　　　　　）

② 85 × 319　　（　　　　　　　）

③ 124 × 26　　（　　　　　　　）

④ 6108 ÷ 28　　（　　　　　　　）

⑤ 7642 ÷ 165　（　　　　　　　）

[知識・技能]

1 計算をしましょう。(5×4)
（わり算はわりきれるまでしましょう。）

① 47.8 × 6.9

② 7.8 × 4.06

③ 4.17 ÷ 1.5

④ 1.4 ÷ 8

2 大小を比べて、不等号をかきましょう。(5×2)

① 0.59 □ $\frac{5}{9}$

② 3 $\frac{4}{7}$ □ 3.58

3 計算をしましょう。(5×2)

① 0.36 × $\frac{3}{4}$ ÷ $\frac{9}{10}$

② $\frac{2}{5}$ ÷ 0.6 + 0.8 ÷ $\frac{2}{15}$

4 次の2つの数の、最小公倍数と最大公約数を求めましょう。(5×2)

24, 18

最小公倍数 □

最大公約数 □

[思考・判断・表現]

5 次の数量の関係を、文章のとおりにxやyを使った式に表しましょう。(10×3)

① 1個x円のみかんを8個買うと、代金はy円になります。

② x円持っていましたが、200円使ったので、残りはy円になりました。

③ バスに7人乗っています。次のバス停でx人増えたので、y人になりました。

6 四捨五入して、百の位までのがい数にすると、1700になる整数のはんいを、「以上」、「未満」を使って表しましょう。(10)

7 問題文にふさわしい式を、下の⑦、①、⑦から選んで、（）に記号を書きましょう。(5×2)

① 1dLで0.8m²のかべがぬれるペンキがあります。このペンキ1.4dLでは、何m²のかべがぬれますか。

② 0.8dLで1.4m²のかべがぬれるペンキがあります。このペンキ1dLでは、何m²のかべがぬれますか。

⑦ 0.8 ÷ 1.4

① 0.8 × 1.4

⑦ 1.4 ÷ 0.8

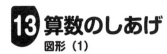

13 算数のしあげ
図形（1）

名前

● 四角形の性質について表にまとめましょう。

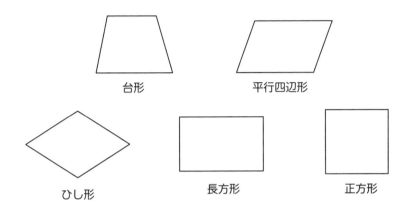

台形　　　　　　平行四辺形

ひし形　　　　　長方形　　　　　正方形

あてはまる四角形の性質に○を書きましょう。

	台形	平行四辺形	ひし形	長方形	正方形
向かい合った1組の辺だけ平行					
向かい合った2組の辺が平行					
向かい合った辺の長さが等しい					
4つの辺の長さが等しい					
向かい合った角の大きさが等しい					
4つの角がすべて直角					
2本の対角線の長さが等しい					
2本の対角線が垂直に交わる					
2本の対角線がそれぞれ真ん中の点で交わる					

13 算数のしあげ
図形（2）

名前

● 次の図形について，線対称な図形か，点対称な図形かを表にまとめます。線対称な図形，点対称な図形であれば，表に○を書きましょう。
　また，対称の軸の本数も書きましょう。

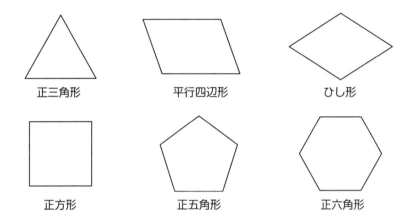

正三角形　　　　平行四辺形　　　　ひし形

正方形　　　　　正五角形　　　　　正六角形

	線対称	対称の軸の数	点対称
正三角形			
平行四辺形			
ひし形			
正方形			
正五角形			
正六角形			

● 次の対称な図形をかきましょう。

① 直線アイを対称の軸とした線対称な図形

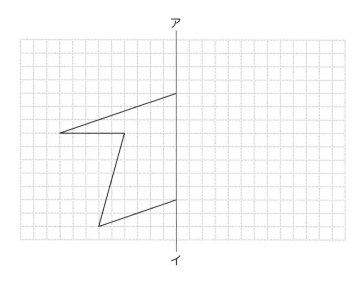

② 点Oを対称の中心とした点対称な図形

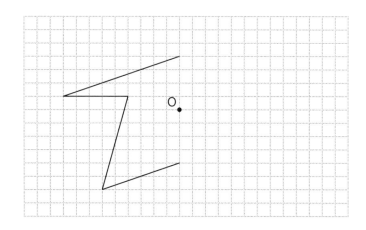

● 次の図形をかきましょう。

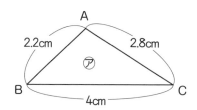

① ㋐と合同な三角形

② ㋐の2倍の拡大図

③ 頂点Bを中心にした㋐の2倍の拡大図

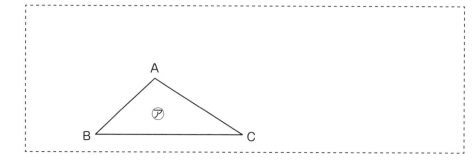

④ ㋐の $\frac{1}{2}$ の縮図

● 次の図の⑦〜②の角度を求めましょう。

①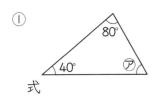

式

⑦ _____

②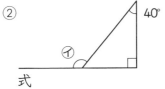

式

④ _____

③ 二等辺三角形

式

⑦ _____

④ 平行四辺形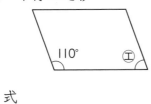

式

④ _____

⑤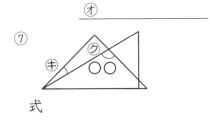

式

⑤ _____

⑥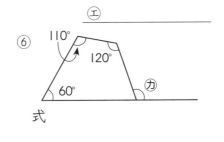

式

⑥ _____

⑦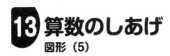

式

⑦ _____　　⑦ _____

⑧ 正五角形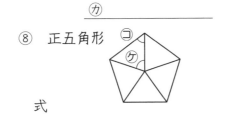

式

⑤ _____　　② _____

● 次の方眼にある図形の面積を求めましょう。

①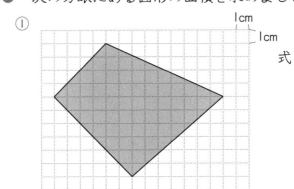
1cm
1cm

式

答え _____

②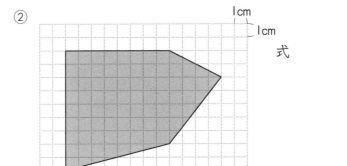
1cm
1cm

式

答え _____

③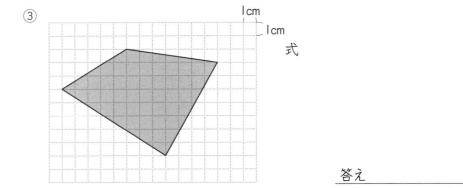
1cm
1cm

式

答え _____

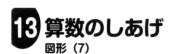

13 算数のしあげ
図形 (7)

名
前

● 次の図形の面積を求めましょう。

① 長方形

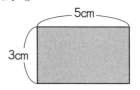

5cm
3cm

式

答え _____

② 正方形

3cm
3cm

式

答え _____

③ 平行四辺形

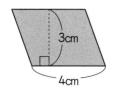

3cm
4cm

式

答え _____

④ 三角形

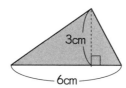

3cm
6cm

式

答え _____

⑤ 台形

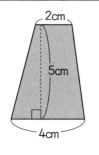

2cm
5cm
4cm

式

答え _____

⑥ ひし形

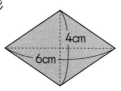

4cm
6cm

式

答え _____

---

13 算数のしあげ
図形 (8)

名
前

● 次の図形の面積を求めましょう。

① 平行四辺形

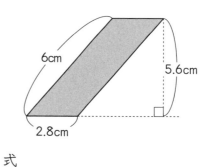

6cm
5.6cm
2.8cm

式

答え _____

② 三角形

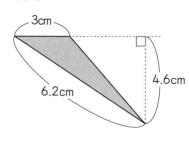

3cm
6.2cm
4.6cm

式

答え _____

③ ひし形

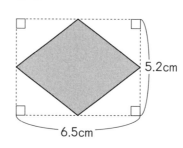

5.2cm
6.5cm

式

答え _____

④ 台形

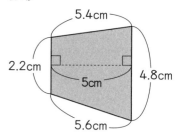

5.4cm
2.2cm
5cm
4.8cm
5.6cm

式

答え _____

● 次の図形の色のついた部分の面積を求めましょう。

①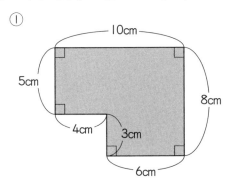

式

答え _____

②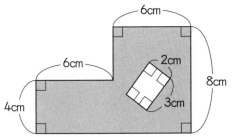

式

答え _____

③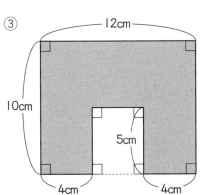

式

答え _____

● 次の図形の色のついた部分の面積を求めましょう。

①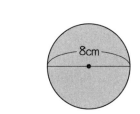

式

答え _____

②

式

答え _____

③

式

答え _____

④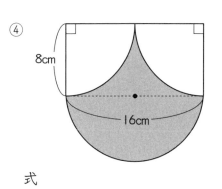

式

答え _____

● 次の立体の体積を求めましょう。

①

式

答え _____

②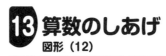

式

答え _____

③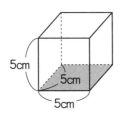

式

答え _____

④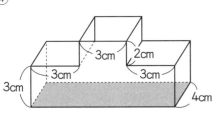

式

答え _____

● 次の角柱や円柱の体積を求めましょう。

①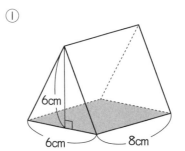

式

答え _____

②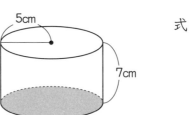

式

答え _____

③

式

答え _____

13 算数のしあげ
測定 (1)

名前

□ 1 （　　）にあてはまる単位を，下の┌┈┈┈┐から選んで書きましょう。

① プールの縦（たて）の長さ　25（　　　　　）

② えんぴつの長さ　16.5（　　　　　）

③ 黒板の広さ　8（　　　　　）

④ 福島県の面積　13800（　　　　　）

⑤ にわとりの卵（たまご）1個の重さ　65（　　　　　）

⑥ 大人の体重　65（　　　　　）

┌┈┈┈┈┈┈┈┈┈┈┈┈┈┈┈┈┈┈┈┈┈┈┈┈┈┈┈┈┈┈┈┈┈┈┐
mg ・ g ・ kg ・ mm ・ cm ・ m ・ cm² ・ m² ・ km²
└┈┈┈┈┈┈┈┈┈┈┈┈┈┈┈┈┈┈┈┈┈┈┈┈┈┈┈┈┈┈┈┈┈┈┘

□ 2 （　　）にあてはまる数を書きましょう。

① 1m =（　　　　　）cm　　② 1km =（　　　　　）m

③ 1L =（　　　　　）dL　　④ 1L =（　　　　　）mL

⑤ 1m³ =（　　　　　）L　　⑥ 1cm³ =（　　　　　）mL

⑦ 1kg =（　　　　　）g　　⑧ 1g =（　　　　　）mg

⑨ 1t =（　　　　　）kg　　⑩ 1m² =（　　　　　）cm²

⑪ 1a =（　　　　　）m²　　⑫ 1ha =（　　　　　）m²

⑬ 1km² =（　　　　　）m²　⑭ 1m³ =（　　　　　）cm³

---

13 算数のしあげ
測定 (2)

名前

□ 1 （　　）にあてはまる数を書きましょう。

① 3kg =（　　　　　）g　　② 200cm =（　　　　　）m

③ 350m² =（　　　　　）a　④ 2.5ha =（　　　　　）m²

⑤ 1ha =（　　　　　）a　　⑥ 0.8t =（　　　　　）kg

⑦ 10L =（　　　　　）dL　⑧ 600g =（　　　　　）kg

⑨ 0.7kg =（　　　　　）g　⑩ 1.5kL =（　　　　　）m³

⑪ 2m³ =（　　　　　）L　　⑫ 0.4L =（　　　　　）mL

⑬ 500m =（　　　　　）km　⑭ 80mm =（　　　　　）cm

□ 2 （　　）にあてはまる単位を書きましょう。

① 利根川の長さ　322（　　　　　）

② 富士山の高さ　3776（　　　　　）

③ 教科書の横の長さ　18.3（　　　　　）

④ 給食（きゅうしょく）の牛乳（ぎゅうにゅう）の量　200（　　　　　）

⑤ おふろに入れるお湯の量　約300（　　　　　）

⑥ 親指のつめの面積　約1.8（　　　　　）

⑦ 日本の国の面積　約37万（　　　　　）

⑧ 小学校の教室の面積　約64（　　　　　）

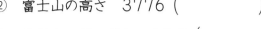

[知識・技能]

① 次の図形をかきましょう。(5 × 2)

① 直線アイを対称の軸にした線対称な図形

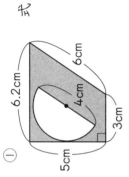

② 点 O を対称の中心にした点対称な図形

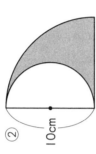

② 次の体積を求めましょう。(5 × 4)

①

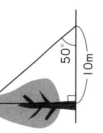

式

②

式

答え

③ （　）にあてはまる数を書きましょう。(5 × 4)

① 1m² ＝（　　　）cm²

② 1km² ＝（　　　）m²

③ 1m³ ＝（　　　）L

④ 1L ＝（　　　）mL

[思考・判断・表現]

④ 色のついた部分の面積を求めましょう。(5 × 4)

①

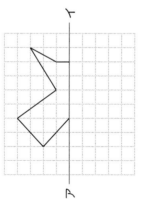

式

答え

②

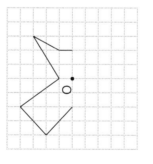

式

答え

⑤ 下の図で、実際の木の高さは何 m ですか。

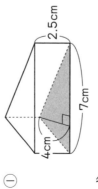

① $\frac{1}{200}$ の縮図をかきます。10mは何 cm にすればいいですか。(10)

（　　　　）

② $\frac{1}{200}$ の縮図をかきましょう。(10)

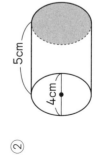

③ 縮図から、実際の木の高さを求めましょう。(5 × 2)

式

答え

● 下の図のように，縦 6cm の長方形の上に紙を置いて，それを矢印の方向にずらしていきます。

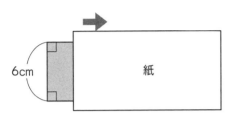

6cm

紙

① ずらしていったとき，見えている部分の長方形の横の長さと面積の関係を表にまとめましょう。

長方形の横の長さと面積

横の長さ (cm)	1	2	3	4	5	6	
面積 (cm²)	6						

② 長方形の横の長さと面積の関係をグラフに表しましょう。

長方形の横の長さと面積

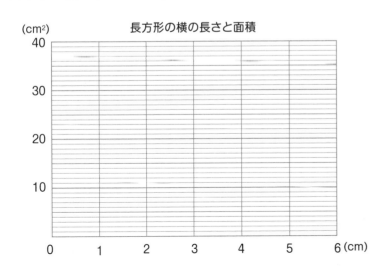

(cm²)
40

30

20

10

0　1　2　3　4　5　6 (cm)

● 長さの等しい棒で，下のように四角形を作り，横に並べていきます。

1こ	2こ	3こ	4こ

① 四角形の数を x こ，棒の本数を y 本として，x と y の関係を表にまとめましょう。

四角形のこ数と棒の本数

四角形の数 x (こ)	1	2	3	4	5	6	
棒の本数 y (本)	4	7					

② 四角形の数が 8 このときの棒の本数は何本ですか。

（　　　　　）

③ 四角形の数が 10 このときの棒の本数は何本ですか。

（　　　　　）

④ 四角形の数 x こと，棒の本数 y 本は，どのような関係にありますか。

73

● 下のそれぞれについて，表を完成させて，問いに答えましょう。

⑦ 分速60mで歩く人の，歩く時間x分と道のりym

時間　x（分）	1	2	3	4	5	6	
道のり　y（m）	60						

yをxの式で表しましょう。

$y = ($　　　　　　　$)$

① 1辺が$x$cmの正方形の面積$y$cm²

1辺の長さ　x（cm）	1	2	3	4	5	6	
面積　　　　y（cm²）	1						

⑦ 面積が12cm²の長方形の縦の長さ$x$cmと横の長さ$y$cm

縦の長さ　x（cm）	1	2	3	4	6	12	
横の長さ　y（cm）							

yをxの式で表しましょう。

$y = ($　　　　　　　$)$

① 比例しているのは，⑦，①，⑦のどれですか。　（　　　）

② 反比例しているのは，⑦，①，⑦のどれですか。　（　　　）

● 下のそれぞれについて，表を完成させて，問いに答えましょう。

⑦ 24kmの道のりを分速$x$kmで走ったときの，かかった時間y分

分速　x（km）	2	3	4	6	8	12	
時間　y（分）							

yをxの式で表しましょう。

$y = ($　　　　　　　$)$

① 底辺が5cmで高さ$x$cmの平行四辺形の面積$y$cm²

高さ　x（cm）	1	2	3	4	5	6	
面積　y（cm²）							

yをxの式で表しましょう。

$y = ($　　　　　　　$)$

比例，反比例しているのは，⑦，①のどちらの表ですか。
また，どのようなグラフになりますか。線でつなぎましょう。

| 比　例 | ・ | ・ | ⑦の表 | ・ | ・ |
| 反比例 | ・ | ・ | ①の表 | ・ | ・ |

13 算数のしあげ
変化と関係 (5)

① 197km を 2 時間で走る特急電車と，288km を 3 時間で走る特別快速電車では，どちらが速いといえますか。

式

答え _____

② 分速 380m で進んでいるヨットがあります。このまま同じ速さで進むとすると，15 分間では何 km 進むことができますか。

式

答え _____

③ 分速 260m で走っている自転車があります。このままの速さで進むと，7.8km 先にある目的地まで何分で着きますか。

式

答え _____

13 算数のしあげ
変化と関係 (6)

① 時速 45km で走る自動車は，次の時間では何 km 進みますか。

① 20 分間

式

答え _____

② 1 時間 30 分

式

答え _____

② 120km を 1 時間 15 分で走る電車は，時速何 km ですか。

式

答え _____

③ 分速 60m で歩いている人がいます。このままの速さで歩き続けると，1km を何分何秒で歩くことができますか。

式

答え _____

⑬ 算数のしあげ
変化と関係（7）

名前

● 次の速さ（秒速，分速，時速）を求めましょう。

① 秒速 15m で走るバイクがあります。

㋐ このバイクは分速何 m ですか。

式

答え _____

㋑ このバイクは時速何 km ですか。

式

答え _____

② 時速 72km で走る電車があります。

㋐ この電車は分速何 km ですか。

式

答え _____

㋑ この電車は秒速何 m ですか。

式

答え _____

---

⑬ 算数のしあげ
変化と関係（8）

名前

① 1か月で 354000 歩，歩いた人がいます。

① 1日平均何歩歩いたことになりますか。（1か月は 30 日とします。）

式

答え _____

② 1年では，何歩歩くことになりますか。

式

答え _____

② まさきさんは，自分の歩はばを使って道のりを調べることにしました。

① まさきさんの 10 歩の平均の長さを求めましょう。

まさきさんの10歩

1回目	2回目	3回目	4回目
6.4m	6.2m	6.3m	6.5m

式

答え _____

② まさきさんの 1 歩は，約何 m ですか。
（四捨五入して上から 2 けたのがい数で表しましょう。）

式

答え _____

③ まさきさんが 800 歩歩いた道のりは，約何 m ですか。
（四捨五入して上から 2 けたのがい数で表しましょう。）

式

答え _____

13 算数のしあげ
変化と関係 (9)

名前

① Aプールと Bプールの面積と
人数は，右の表のようになっています。
どちらのほうがこんでいますか。
1m² あたりの人数で比べましょう。

プールの面積と人数

	面積 (m²)	人数 (人)
Aプール	320	80
Bプール	120	24

式

答え _____

② 右の表は，A市と B市の人口と面積を
表したものです。どちらのほうが人口
密度が高いですか。

A市とB市の人口と面積

	人口 (人)	面積 (km²)
A市	68400	48
B市	52200	36

式

答え _____

③ 埼玉県の面積は約 3800km²，人口は約 730 万人です。
埼玉県の人口密度を，四捨五入して上から 2 けたのがい数で
求めましょう。

式

答え _____

---

13 算数のしあげ
変化と関係 (10)

名前

① 右の表を見て，A と B のどちらの
田のほうが米がよくとれたといえますか。
1a あたりのとれ高で比べましょう。

田の面積ととれた米の重さ

	面積 (a)	重さ (kg)
Aの田	16	392
Bの田	20	540

式

答え _____

② A自動車はガソリン 36L で 540km，B自動車はガソリン 32L で
512km 走りました。どちらの自動車のほうが 1L で走れるきょり
が長いですか。

式

答え _____

③ 同じあめがふくろに入って売られています。A店では 24 個入りで
420 円，B店では 18 個入りで 300 円です。1 個あたりの
ねだんはどちらのほうが安いですか。

式

答え _____

● 　Aの花畑には，チューリップが120本さいて
いて，そのうち54本が赤い花です。
　Bの花畑には，チューリップが150本さいて
いて，そのうち60本が赤い花です。

① 　A，Bそれぞれの花畑で，全体の本数を1とみたとき，赤い
花は，どれだけにあたりますか。小数と百分率で表しましょう。

Aの花畑

式

答え　小数　　　　　　　　　百分率

Bの花畑

式

答え　小数　　　　　　　　　百分率

② 　Cの花畑には，チューリップが180本さいていて，Aの花畑と
同じ割合で赤い花がさいています。
　Cの花畑の赤いチューリップは何本ですか。

式

答え

① 　□にあてはまる数を書きましょう。

① 　400mLの15％は，（　　　　　　）mLです。

② 　2mは，8mの（　　　　　　）％です。

③ 　（　　　　　　）kgの30％は，1.2kgです。

② 　1500円の品物が20％びきになっていました。
　品物の代金は，何円になっていますか。

式

答え

③ 　6年生の人数は，中学1年生の人数の80％にあたる60人です。
　中学1年生の人数は何人ですか。

式

答え

13 算数のしあげ
変化と関係（13）

名前

① 次の比の値を求めましょう。

① 4 : 5 　（　　　）　　② 7 : 3 　（　　　）

③ 2 : 6 　（　　　）　　④ 8 : 12 　（　　　）

② 次の比を簡単にして，（　　）に書きましょう。

① 10 : 4 　（　　　）　　② 0.5 : 0.7 　（　　　）

③ 0.7 : 2.1 　（　　　）　　④ $\frac{1}{2} : \frac{2}{5}$ 　（　　　）

③ 次の式で，x の表す数を求めましょう。

①　4 : 7 = x : 35 　　　　　②　20 : 12 = x : 3
　　　　x = （　　　）　　　　　　　　x = （　　　）

③　10 : 12 = x : 30 　　　　④　x : 15 = 8 : 6
　　　　x = （　　　）　　　　　　　　x = （　　　）

⑤　12 : x = 9 : 6 　　　　　⑥　6 : 4.5 = x : 3
　　　　x = （　　　）　　　　　　　　x = （　　　）

---

13 算数のしあげ
変化と関係（14）

名前

① ケチャップとマヨネーズを 3:5 の割合で混ぜて，オーロロソースを 120g 作ります。それぞれ何 g 入れるとよいですか。

式

答え _____

② 高さ 1m の棒のかげが 0.8m のとき，かげの長さが 6m の木の高さは，何 m ですか。

式

答え _____

③ 80cm の針金を使って，縦の長さと横の長さが 2:3 になる長方形を作ります。縦と横の長さをそれぞれ何 cm にすればよいですか。

式

答え _____

13 まとめのテスト
算数のしあげ（変化と関係）

【知識・技能】

① 比に関する次の問題に答えましょう。(5×5)

① 8：5の比の値を求めましょう。
（　　　）

② 次の比を簡単にしましょう。

⑦ 24：18 （　　　）

⑦ 1.5：$\frac{2}{3}$ （　　　）

③ xの表す数を求めましょう。

⑦ 20：16 = x：12　　x = （　　　）

⑦ 4.8：4 = 12：x　　x = （　　　）

② （　）にあてはまる数を求めましょう。(5×3)

① 6mは、8mの（　　　）％です。

② 75mLの20%は（　　　）mLです。

③ （　　　）円の5%は100円です。

③ A市は面積が42km²で、人口は77000人です。A市の人口密度を、四捨五入して上から2けたのがい数で求めましょう。(5×2)

式

答え

【思考・判断・表現】

④ 次の⑦、⑦、⑦を読んで答えましょう。(5×4)

> ⑦ 面積が14cm²の平行四辺形の底辺 x cm と高さ y cm
>
> ⑦ 1辺が x cm の正方形の面積は y cm²
>
> ⑦ 縦の長さが6cmで、横の長さが x cm の長方形の面積 y cm²

① 比例しているのは、⑦、⑦、⑦のどれですか。選んだものの、yをxの式で表しましょう。

② 反比例しているのは、⑦、⑦、⑦のどれですか。選んだものの、yをxの式で表しましょう。

⑤ 次の⑦と⑦では、どちらが速いかを比べます。

> ⑦ 1時間40分で100kmを走る自動車
>
> ⑦ 分速1200mで飛ぶつばめ

① 時速を求めましょう。(5×4)

⑦ 式

答え

⑦ 式

答え

② どちらが速いですか。(10)

（　　　　　）のほうが速い。

13 算数のしあげ
データの活用（1）

● 今までに学習したグラフを見て，問いに答えましょう。

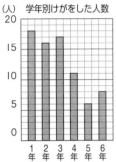

㋐ （人）学年別けがをした人数

㋑ （人）借りた本の冊数と人数

㋒ けがをした種類の割合（わりあい）

㋓ （冊）借りた本の冊数

① ㋐〜㋓のグラフの名前を書きましょう。

㋐（　　　　　　　）　　㋑（　　　　　　　　）

㋒（　　　　　　　）　　㋓（　　　　　　　　）

② ㋐〜㋓のグラフで表すのに適している内容を選んで，（　　）に記号を書きましょう。

（　　）変化の様子を表す。

（　　）全体のちらばりの様子を表す。

（　　）それぞれのことがらの大きさを表す。

（　　）全体に対する割合を表す。

---

13 算数のしあげ
データの活用（2）

● 下の円グラフは，A小学校とB小学校の1ヶ月に借りた本の種類とその割合（わりあい）を表したものです。

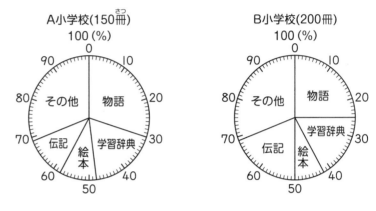

A小学校(150冊)

B小学校(200冊)

このグラフを見て，下のようなまちがった意見が出ました。まちがっている理由を書きましょう。

① 「どちらの学校もいちばんよく借りているのは物語で，2番めに多いのが学習辞典です。」

② 「物語はA小学校のほうが借りている冊数が多い。」

● 下の表は，6年1組と2組の長座体前屈の記録です。

1組の長座体前屈の記録（cm）

① 42	② 24	③ 35	④ 40
⑤ 34	⑥ 35	⑦ 34	⑧ 35
⑨ 35	⑩ 33	⑪ 31	⑫ 24
⑬ 27	⑭ 35	⑮ 43	⑯ 29

2組の長座体前屈の記録（cm）

① 38	② 33	③ 32	④ 22
⑤ 40	⑥ 35	⑦ 39	⑧ 33
⑨ 33	⑩ 26	⑪ 33	⑫ 36
⑬ 35	⑭ 33	⑮ 45	

① 1組と2組それぞれの平均値を求めましょう。

1組　式

答え _____

2組　式

答え _____

② 1組と2組それぞれの最頻値を求めましょう。

1組　（　　　　　　　）　　2組　（　　　　　　　）

③ 1組と2組それぞれを度数分布表に表しましょう。

1組　長座体前屈の記録（cm）

記録（cm）	人数（人）
20以上〜25未満	
25〜30	
30〜35	
35〜40	
40〜45	
45〜50	
合計	

2組　長座体前屈の記録（cm）

記録（cm）	人数（人）
20以上〜25未満	
25〜30	
30〜35	
35〜40	
40〜45	
45〜50	
合計	

● 6年1組と2組の長座体前屈の記録を表したヒストグラムを見て，下の問いに答えましょう。

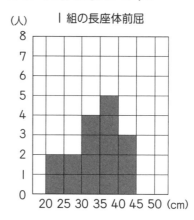
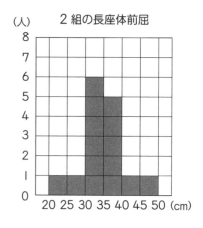

① いちばん度数が多いのは，それぞれどの階級ですか。

1組　（　　　　　　　　　　　　　　　　）

2組　（　　　　　　　　　　　　　　　　）

② 40cm以上の度数の割合は，それぞれ何％ですか。小数第3位を四捨五入して，％に表しましょう。

1組　式

答え _____

2組　式

答え _____

[知識・技能]

1 下の表は、ある6年生のソフトボール投げの記録です。下の問いに答えましょう。

6年生のソフトボール投げの記録 (m)

① 16	② 36	③ 20	④ 22
⑤ 23	⑥ 34	⑦ 14	⑧ 30
⑨ 12	⑩ 41	⑪ 19	⑫ 22
⑬ 34	⑭ 36	⑮ 30	⑯ 13
⑰ 28	⑱ 25	⑲ 32	⑳ 29

① 度数分布表に表しましょう。(10)

6年生のソフトボール投げの記録 (m)

記録 (m)	人数 (人)
10以上～15未満	
15～20	
20～25	
25～30	
30～35	
35～40	
40～45	
合　計	

② ヒストグラムに表しましょう。(10)

6年生のソフトボール投げの記録 (m)

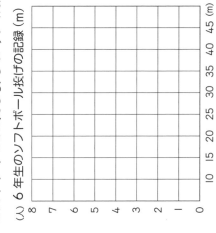

（人）8 7 6 5 4 3 2 1 0
10 15 20 25 30 35 40 45 (m)

③ 平均値を求めましょう。(合計516m) (5×2)

式

答え

④ 中央値はどの階級にありますか。(10)

（　　　）

⑤ いちばん度数の多いのはどの階級ですか。(10)

（　　　）

[思考・判断・表現]

2 下のグラフを見て答えましょう。

日本のおもな食料の自給率（農林水産省調べ）

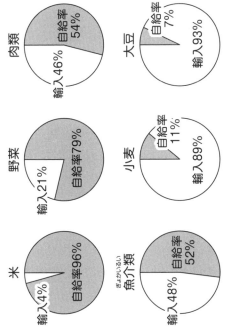

米　輸入4%　自給率96%

野菜　輸入21%　自給率79%

肉類　輸入46%　自給率54%

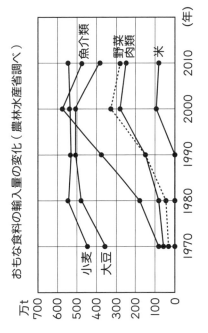

魚介類　輸入48%　自給率52%

小麦　輸入89%　自給率11%

大豆　輸入93%　自給率7%

おもな食料の輸入量の変化（農林水産省調べ）

| 自給率…1つの国の中で必要な量のうち、国内で生産している量の割合 |

万t
700 600 500 400 300 200 100 0
1970 1980 1990 2000 2010 （年）

魚介類　野菜　肉類　米　小麦　大豆

① 自給率が低く、80％以上を輸入にたよっている食料は何ですか。(5×2)

（　　　）（　　　）

② 1970年と比べて、2010年の輸入量が2倍以上になっているのは、何ですか。(5×4)

（　　　）（　　　）
（　　　）（　　　）

③ 国内でい小麦の必要な量は約何万tですか。（輸入量を約550万tとし、四捨五入して上から2けたのがい数で求めましょう。）(10×2)

式

答え　（　　　）

P.4

9 およその面積と体積
およその面積と体積 (1) 名前

● およその面積を求めましょう。

① 右の図は，あるドーム球場です。円とみて，およその面積を求めましょう。

式
100 × 100 × 3.14
　＝ 31400

答え 約 31400m²

② 右の図は，ある池を真上から見た図です。台形とみて，およその面積を求めましょう。

式
(90 + 150) × 100 ÷ 2
　＝ 12000

答え 約 12000m²

9 およその面積と体積
およその面積と体積 (2) 名前

● およその面積を求めましょう。

① 右の図は，ある牧場を真上から見た図です。三角形とみて，およその面積を求めましょう。

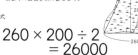

式
260 × 200 ÷ 2
　＝ 26000

答え 約 26000m²

② 右の図は，ある公園を真上から見た図です。ひし形とみて，およその面積を求めましょう。

式
130 × 110 ÷ 2
　＝ 7150

答え 約 7150m²

P.5

9 およその面積と体積
およその面積と体積 (3) 名前

● およその容積を求めましょう。

① 右の図は，あるエコバッグです。直方体とみて，およその容積を求めましょう。

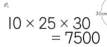

式
10 × 25 × 30
　＝ 7500

答え 約 7500cm³

② 右の図は，あるスイミングバッグです。円柱とみて，およその容積を求めましょう。

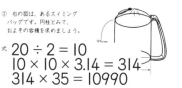

式 20 ÷ 2 = 10
10 × 10 × 3.14 = 314
314 × 35 = 10990

答え 約 10990cm³

9 およその面積と体積
およその面積と体積 (4) 名前

● およその体積を求めましょう。

① 右の図は，スポンジケーキです。円柱とみて，およその体積を求めましょう。

式
8 × 8 × 3.14 = 200.96
200.96 × 5 = 1004.8

答え 約 1004.8cm³

② 右の図は，ある電子レンジです。内側の形を直方体とみて，およその容積を求めましょう。

式
30 × 40 × 25
　＝ 30000

答え 約 30000cm³

P.6

9 ふりかえり・たしかめ (1)
およその面積と体積 名前

● およその面積を求めましょう。

① 右の図は，埼玉県の地図です。長方形とみて，およその面積を求めましょう。

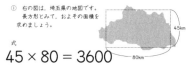

式
45 × 80 = 3600

答え 約 3600km²

（埼玉県の面積 3797.75km²）

② 右の図は，山梨県の地図です。円とみて，およその面積を求めましょう。

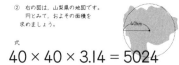

式
40 × 40 × 3.14 = 5024

答え 約 5024km²

（山梨県の面積 4465.27km²）

9 ふりかえり・たしかめ (2)
およその面積と体積 名前

● およその体積や容積を求めましょう。

① 右の図は，ロールケーキです。

式
(例) ③とみて，およその体積を求めましょう。
およそ円柱とみて
(8 + 12) ÷ 2 = 10
10 ÷ 2 = 5
5 × 5 × 3.14 × 16 = 1256

答え 約 1256cm³

② 右の図は，あるおふろです。

式
(例) ③を何かに見立てて，容積を求めましょう。
およそ四角柱とみて
(103 + 97) ÷ 2 = 100
(52 + 48) ÷ 2 = 50
100 × 50 × 50 = 250000
250000cm³ = 250L

答え 約 250000cm³　約 250L

P.7

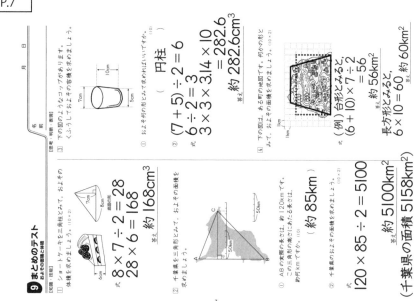

9 まとめのテスト
およその面積と体積

[知識・技能]

① ショートケーキをおよそ三角柱とみて，およその体積を求めましょう。(10×2)

式 8 × 7 ÷ 2 = 28
28 × 6 = 168

答え 約 168cm³

[思考・判断・表現]

[2] 千葉県をおよそ三角形とみて，およその面積を求めましょう。

① AB の実際の長さは，約 120km です。この三角形の底辺の長さは何 km ですか。(10)

答え（ 約 85km ）

② 千葉県のおよその面積を求めましょう。(10×2)

式 120 × 85 ÷ 2 = 5100

答え 約 5100km²

（千葉県の面積 5158km²）

[3] 下の図のようなコップがあります。くふうしておよその容積を求めましょう。

① およそ何の形とみればよいですか。(10)

答え（ 円柱 ）

② 式 (7 + 5) ÷ 2 = 6
6 ÷ 2 = 3
3 × 3 × 3.14 × 10
　＝ 282.6

答え 約 282.6cm³

[4] 下の図は，ある町の地図です。くふうして，およその面積を求めましょう。(10×2)

式 (例) 台形とみると，
(6 + 10) × 7 ÷ 2
　＝ 56

答え 約 56km²

長方形とみると，
6 × 10 = 60　約 60km²

P.8

考える力をのばそう
全体を決めて (1)

● ある土地の草かりをするのに，Aさんでは 4 時間，Bさんでは 6 時間かかります。
　Aさんと Bさんが同時にすると，何時間で草かりができますか。

① Aさんは 1 時間で全体のどれだけ草かりができますか。分数で答えましょう。

$\left(\dfrac{1}{4}\right)$

② Bさんは 1 時間で全体のどれだけ草かりができますか。分数で答えましょう。

$\left(\dfrac{1}{6}\right)$

③ Aさんと Bさんがいっしょにすると，1 時間で全体のどれだけ草かりができますか。

式 $\dfrac{1}{4}+\dfrac{1}{6}=\dfrac{5}{12}$　　答え $\dfrac{5}{12}$

④ Aさんと Bさんがいっしょにすると，何時間で全体の草かりができますか。

式 $1\div\dfrac{5}{12}=\dfrac{12}{5}\left(2\dfrac{2}{5}\right)$　$\dfrac{12}{5}\left(2\dfrac{2}{5}\right)$時間
答え（2 時間 24 分）

考える力をのばそう
全体を決めて (2)

● ある土地の草かりをするのに，Aさんでは 4 時間，Bさんでは 6 時間，Cさんでは 3 時間かかります。
　Aさん，Bさん，Cさんの 3 人が同時にすると，何時間で草かりができますか。

① 3 人がいっしょにすると，1 時間で全体のどれだけの草かりができますか。

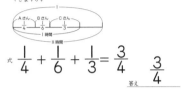

式 $\dfrac{1}{4}+\dfrac{1}{6}+\dfrac{1}{3}=\dfrac{3}{4}$　　答え $\dfrac{3}{4}$

② Aさん，Bさん，Cさんの 3 人がいっしょにすると，何時間で全体の草かりができますか。

式 $1\div\dfrac{3}{4}=\dfrac{4}{3}\left(1\dfrac{1}{3}\right)$
$\dfrac{4}{3}\left(1\dfrac{1}{3}\right)$時間
答え（1 時間 20 分）

P.9

10 比例と反比例
比例の性質 (1)

① 下の表は，分速80mで歩く人の，歩く時間 x 分と進む道のり ym を表したものです。□にあてはまる数を書きましょう。

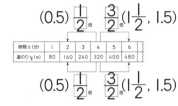

$(0.5)\dfrac{1}{2}$倍　　$\dfrac{3}{2}\left(1\dfrac{1}{2},\ 1.5\right)$

時間 x（分）	1	2	3	4	5	6
道のり y（m）	80	160	240	320	400	480

$(0.5)\dfrac{1}{2}$倍　　$\dfrac{3}{2}\left(1\dfrac{1}{2},\ 1.5\right)$

② 下の文は，比例についてまとめた文です。（　）にあてはまる数を書きましょう。

① x の値が0.5倍，1.5倍などになると，それにともなって y の値も（0.5）倍，（1.5）などになる。

② x の値が $\dfrac{1}{2}$ 倍，$\dfrac{1}{3}$ 倍などになると，それにともなって y の値も（$\dfrac{1}{2}$）倍，（$\dfrac{1}{3}$）倍などになる。

10 比例と反比例
比例の性質 (2)

● 下の表は，底面が 8cm² の四角柱の高さ $x$cm と，体積 $y$cm³ の関係を表したものです。

① □にあてはまる数を書きましょう。

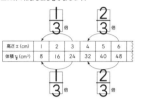

$\dfrac{1}{3}$倍　　$\dfrac{2}{3}$倍

高さ x（cm）	1	2	3	4	5	6
体積 y（cm³）	8	16	24	32	40	48

$\dfrac{1}{3}$倍　　$\dfrac{2}{3}$倍

② 四角柱の高さ $x$cm と，体積 $y$cm³ は比例していますか。どちらかに○をつけましょう。

（ ⦿比例している　・　比例していない ）

③ 高さ 9cm のときの体積は，高さ 5cm のときの体積の何倍ですか。

$\dfrac{9}{5}\left(1\dfrac{4}{5}\right)$倍

④ ③で求めた数を使って，高さ 9cm のときの体積を求めましょう。

式 $40\times\dfrac{9}{5}=72$　　答え 72cm³

P.10

10 比例と反比例
比例の性質 (3)

● 下の表は，分速 1.5km で走る電車の，走る時間 x 分と進む道のり $y$km を表したものです。

① □にあてはまる数を書きましょう。

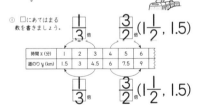

$\dfrac{3}{2}\left(1\dfrac{1}{2},\ 1.5\right)$

時間 x（分）	1	2	3	4	5	6
道のり y（km）	1.5	3	4.5	6	7.5	9

$\dfrac{3}{2}\left(1\dfrac{1}{2},\ 1.5\right)$

② 走る時間 x 分と進む道のり $y$km は比例していますか。どちらかに○をつけましょう。

（ ⦿比例している　・　比例していない ）

③ 走る時間が 14 分のときの道のりは，6 分のときの何倍ですか。

$\dfrac{7}{3}\left(2\dfrac{1}{3}\right)$倍

④ ③で求めた数を使って，14 分のときの道のりを求めましょう。

式 $9\times\dfrac{7}{3}=21$　　答え 21km

10 比例と反比例
比例の性質 (4)

● 下の表は，水そうに水を入れる時間 x 分と水そうの水の深さ $y$cm を表したものです。

① □にあてはまる数を書きましょう。

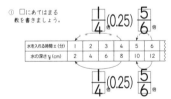

$\dfrac{1}{4}$倍（0.25）　　$\dfrac{5}{6}$倍

水を入れる時間 x（分）	1	2	3	4	5	6
水の深さ y（cm）	2	4	6	8	10	12

$\dfrac{1}{4}$（0.25）　　$\dfrac{5}{6}$倍

② 水を入れる時間 x 分と水の深さ $y$cm は比例していますか。どちらかに○をつけましょう。

（ ⦿比例している　・　比例していない ）

③ 水を入れる時間が 11 分のときの深さは，5 分のときの何倍ですか。

$\dfrac{11}{5}\left(2\dfrac{1}{5},\ 2.2\right)$倍

④ ③で求めた数を使って，11 分のときの水の深さを求めましょう。

式 $10\times\dfrac{11}{5}=22$　　答え 22cm

P.11

10 比例と反比例
比例の式 (1)

● 下の表は，水そうに水を入れる時間 x 分と水そうの水の深さ $y$cm を表したものです。表を見て，下の問いに答えましょう。

水を入れる時間 x（分）	1	2	3	4	5	6
水の深さ y（cm）	3	6	9	12	15	18

① 上の表では，y の値を x の値でわると，いつも何になりますか。

（ 3 ）

② 上の表では，x の値が 1 増えるたびに，y の値はいくつずつ増えていますか。

（ 3 ）

③ y を x の式で表します。□にあてはまる数を書きましょう。

$y = \boxed{3} \times x$

④ （　）にあてはまることばを書きましょう。

y が x に比例するとき，y を x の式で表すと，次のようになります。

$y = （決まった数）\times x$

10 比例と反比例
比例の式 (2)

① 下の表は，決まった速さで走る自動車のガソリンの消費量 xL と走った道のり $y$km の関係を表したものです。

ガソリンの消費量 x（L）	1	2	3	4	5	6
走った道のり y（km）	15	30	45	60	75	90

① 上の表の x と y の関係で，決まった数は何ですか。

（ 15 ）

② y を x の式で表しましょう。

（ $y = 15 \times x$ ）

② 下の表は，底面積が 6cm² の三角柱の高さ $x$cm と体積 $y$cm³ の関係を表したものです。

高さ x（cm）	1	2	3	4	5	6
体積 y（cm³）	6	12	18	24	30	36

① 上の表の x と y の関係で，決まった数は何ですか。

（ 6 ）

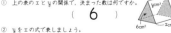

② y を x の式で表しましょう。

（ $y = 6 \times x$ ）

P.12

10 比例と反比例
比例の式 (3)

1 四角柱の高さを7cmと決めておきます。
四角柱の底面積をいろいろ変えていきます。
底面積 x cm² と体積 y cm³ の関係を考えましょう。

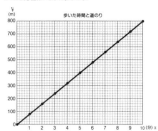

① 下の表のあいているところに数を書きましょう。

底面積 x (cm²)	1	2	3	4	5	6
体 積 y (cm³)	7	14	21	28	35	42

② y は x に比例しますか。どちらかに○をつけましょう。

（ (比例している) ・ 比例していない ）

③ y を x の式で表しましょう。

（ $y = 7 \times x$ ）

2 平行四辺形の高さを6cmと決めて，底辺の長さを1cm，2cm，3cm，…と変えていきます。底辺の長さ x cm と面積 y cm² の関係を考えましょう。

① 下の表のあいているところに数を書きましょう。

底辺の長さ x (cm)	1	2	3	4	5	6
面 積 y (cm²)	6	12	18	24	30	36

② y を x の式で表しましょう。

（ $y = 6 \times x$ ）

10 比例と反比例
比例のグラフ (1)

● 下の表は，分速80mで歩く人の歩いた時間 x 分と歩いた道のり y を表したものです。グラフに表しましょう。

時間 x (分)	1	2	3	4	5	6
道のり y (m)	80	160	240	320	400	480

① 表の値をグラフに点でとりましょう。
また，x の値が7，8，9，10のときの y の値も求めて，グラフに点をとりましょう。
② 時間 x が0分のときは，道のり y も0mです。グラフに点をとりましょう。
③ とった点を直線でむすびましょう。

歩いた時間と道のり

12

P.13

10 比例と反比例
比例のグラフ (2)

● 下の表は，分速0.6kmで走る自動車の，走った時間 x 分と，走った道のり y kmを表したものです。

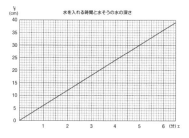

時間 x (分)	1	2	3	4	5	6
道のり y (km)	0.6	1.2	1.8	2.4	3	3.6

① 上の表の x と y の値の組を，下のグラフに表しましょう。
② x の値が0，そして，7，8，9，10のときの，y の値も求めて，下のグラフに表しましょう。

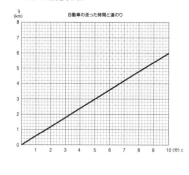

自動車の走った時間と道のり

10 比例と反比例
比例のグラフ (3)

● 下のグラフは，水を入れる時間 x 分と，水そうの水の深さ y cm の関係を表したものです。下の問いに答えましょう。

水を入れる時間と水そうの水の深さ

① x の値が2.5のときの y の値を読みましょう。（ 15 ）

② y の値が30のときの x の値を読みましょう。（ 5 ）

③ x の値が1増えると，y の値はいくつ増えていますか。（ 6 ）

④ y を x の式で表します。（ ）にあてはまる数を書きましょう。

$y = (6) \times x$

13

P.14

10 比例と反比例
比例のグラフ (4)

● 下のグラフは，針金の長さ x m と，その重さ y g を表したものです。下の問いに答えましょう。

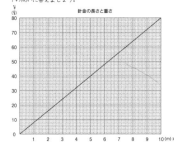

針金の長さと重さ

① x の値が2.5のときの y の値を読みましょう。（ 20 ）

② y の値が60のときの x の値を読みましょう。（ 7.5 ）

③ y を x の式で表しましょう。　$y = (8) \times x$

④ ③の式を使って，x の値が5.5のときの y の値を求めましょう。

式 $8 \times 5.5 = 44$　　答え 44

10 比例と反比例
比例のグラフ (5)

● 下の表は，時速40kmで走る自動車の走った時間と道のりを表しています。道のり y kmは，時間 x 時間に比例しています。グラフに表して，下の問いに答えましょう。

時間 x (時間)	1	2	3	4	5	6
道のり y (km)	40	80	120	160	200	240

自動車の走った時間と道のり

① 自動車は，4時間30分で何km進んでいますか。

（ 180km ）

② 自動車が100km進むのに何時間何分かかっていますか。

（ 2時間30分 ）

14

P.15

10 比例と反比例
比例のグラフ (6)

● 下の表は，分速100mで歩く人の歩いた時間 x 分と，その道のり y m を表したものです。グラフに表して，下の問いに答えましょう。

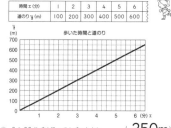

時間 x (分)	1	2	3	4	5	6
道のり y (m)	100	200	300	400	500	600

歩いた時間と道のり

① 3分30秒では何m進んでいますか。（ 350m ）

② 550m進むには何分何秒かかっていますか。5分30秒

③ y を x の式で表しましょう。

$y = (100 \times x)$

④ ③の式を使って，スタートして15分後，何m進んでいるのかを求めましょう。

式 $100 \times 15 = 1500$　　答え 1500m

10 比例と反比例
比例のグラフ (7)

● 下のグラフは，自転車Aと自転車Bが同時に出発し，同じ道を走った時間と道のりを表しています。下の問いに答えましょう。

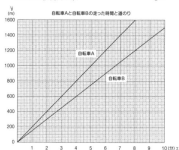

自転車Aと自転車Bの走った時間と道のり

自転車A
自転車B

① AとBでは，どちらの方が速いですか。（ A ）

② 1200mをAが通過してから，Bが通過するまでの時間は何分ですか。（ 2分 ）

③ 出発して6分後に，AとBは何mはなれていますか。（ 300m ）

15

P.16

10 比例と反比例
比例のグラフ (8)　名前

● 下のグラフは，自動車Aと自動車Bが同時に出発して，同じ道を走った時間と道のりを表しています。
下の問いに答えましょう。

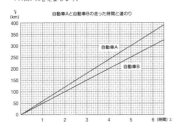

自動車Aと自動車Bの走った時間と道のり

① AとBでは，どちらの方が速いですか。　（　A　）
② 150kmをAが通過してから，Bが通過するまでの時間は何分ですか。　（　30分　）
③ 出発して4時間後に，AとBは何kmはなれていますか。　（　40km　）
④ yをエの式で表しましょう。
自動車A　y=（60×x）　自動車B　y=（50×x）

16

10 比例と反比例
比例の利用 (1)　名前

● ある用紙10枚の重さを測ると，18gでした。
この用紙200枚の重さは何gですか。

枚数x（枚）	10	200
重さy（g）	18	

⑦ 1枚の重さを求めてから，200枚の重さを求めましょう。
① この用紙1枚の重さは何gですか。
式 18÷10=1.8　答え 1.8g
② ①で求めた数を使って，200枚の重さを求めましょう。
式 1.8×200=360　360g

④ 何倍になるかを求めてから，200枚の重さを求めましょう。
① 200枚は10枚の何倍ですか。
式 200÷10=20　答え 20倍
② ①で求めた数を使って，200枚の重さを求めましょう。
式 18×20=360　答え 360g

⑨ 決まった数を求めてから，200枚の重さを求めましょう。
① 重さ18は，枚数10の何倍ですか。
式 18÷10=1.8　答え 1.8倍
② ①で求めた数を使って，200枚の重さを求めましょう。
式 200×1.8=360　360g

P.17

10 比例と反比例
比例の利用 (2)　名前

① 画用紙10枚の重さをはかったら，83gでした。
このことをもとにして，400枚を用意します。
何gにすれば，400枚になりますか。

画用紙の枚数と重さ

枚数x（枚）	10	400
重さy（g）	83	□

（例）
式 83÷10=8.3
400×8.3=3320
答え 3320g

② 画用紙の10枚の厚さは3mmでした。
このことをもとにして，画用紙400枚を用意します。
画用紙を重ねて何cmにすれば，400枚になりますか。

画用紙の枚数と厚さ

枚数x（枚）	10	400
厚さy（mm）	3	□

（例）
式 3÷10=0.3
400×0.3=120
120mm=12cm　答え 12cm

10 比例と反比例
比例の利用 (3)　名前

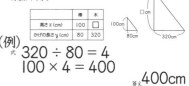

① 1mの木の棒のかげは，80cmでした。
かげの長さが3m20cmの木の高さは何cmですか。

	棒	木
高さx（cm）	100	□
かげの長さy（cm）	80	320

（例）
式 320÷80=4
100×4=400
答え 400cm

② 200kmを5時間で走る自動車があります。
この自動車が140kmの地点を通るのは，スタートして何時間何分後ですか。

時間x（時間）	□	5
道のりy（km）	140	200

（例）
式 140÷200=0.7
5×0.7=3.5
答え 3時間30分後

17

P.18

10 比例と反比例
練習 (1)　名前

① 下の表を見て，yがエに比例していれば，□に○をかきましょう。

①
エ（分）	0.2	0.8	1	2	4
y（m）	100	300	400	600	800
□

②
エ（L）	2	4	6	8	10
y（kg）	5	10	15	20	25
○

③
エ（m）	0.8	1	1.2	1.5	2
y（m²）	4.8	6	7.2	9	12
○

② 下の表で，yはエに比例します。
表のあいているところに数を書きましょう。

①
エ（m）	1	2	3	4	5
y（m³）	12	24	36	48	60

②
エ（分）	2	3	4	5	6
y（L）	12	18	24	30	36

18

10 比例と反比例
練習 (2)　名前

① 比例するエとyの関係を表にします。表のあいているところに数を書きましょう。また，yをエの式で書きましょう。

① 分速90mで歩く時間エ分と道のりym
エ（分）	1	2	3	4	5
y（m）	90	180	270	360	450
y=（90×x）

② 直径エcmと円周の長さycm
エ（cm）	1	2	3	4	5
y（cm）	3.14	6.28	9.42	12.56	15.7
y=（3.14×x）

③ 底辺が6cmの平行四辺形の高さエcmと面積ycm²
エ（cm）	1	2	3	4	5
y（cm²）	6	12	18	24	30
y=（6×x）

② 4mの重さが60gの針金があります。
（例）この針金7.2mの重さは何gですか。
式 60÷4=15
7.2×15=108　答え 108g
（例）この針金72gは，何mですか。
式 72÷15=4.8　答え 4.8m

P.19

10 比例と反比例
反比例 (1)　名前

● 下の表は，24kmの道のりを時速エkmで歩いたときにかかった時間y時間を表したものです。

① □にあてはまる数を書きましょう。

時速x（km）	1	2	3	4	5	6
時間y（時間）	24	12	8	6	4.8	4

② 上の表を見て，（　）にあてはまることばや数を書きましょう。
2つの数量エとyがあり，エの値が，2倍，3倍，…になると，それにともなってyの値が（ 1/2 ）倍，（ 1/3 ）倍，…になるとき，yはエに **反比例** するといいます。

19

10 比例と反比例
反比例 (2)　名前

● 下の表で，yはエに反比例していますか。反比例していれば，□に○をかきましょう。

① 面積が18cm²の平行四辺形の底辺の長さエcmと高さycm
底辺エ（cm）	1	2	3	4	5	6
高さy（cm）	18	9	6	4.5	3.6	3
○

② まわりの長さが20cmの長方形の縦の長さエcmと横の長さycm
縦エ（cm）	1	2	3	4	5	6
横y（cm）	9	8	7	6	5	4
□

③ 深さ48cmの水そうに，水をいっぱい入れるときの，1分あたりに入る水の深さエcmと水を入れる時間y分
1分あたりに入る水の深さエ（cm）	1	2	3	4	5	6
水を入れる時間y（分）	48	24	16	12	9.6	8
○

④ 1日の昼の時間エ時間と夜の時間y時間
昼の時間エ（時間）	1	2	3	4	5	6
夜の時間y（時間）	23	22	21	20	19	18
□

P.20

⑩ 比例と反比例　反比例の性質 (1)

名前　月　日

● 18kmの道のりを進みます。
かかった時間 y 時間は，時速 x km に反比例します。

① □にあてはまる数を書きましょう。

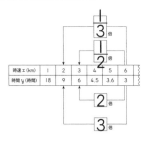

時速 x (km)	1	2	3	4	5	6
時間 y (時間)	18	9	6	4.5	3.6	3

② 上の表を見て，（　）にあてはまる数を書きましょう。

2つの数量 x と y があり，x の値が，$\frac{1}{2}$ 倍，$\frac{1}{3}$ 倍，…になると，それにともなって y の値が（ 2 ）倍，（ 3 ）倍，…になります。

⑩ 比例と反比例　反比例の性質 (2)

名前　月　日

● 下の表のあいているところに数を書きましょう。

① 深さ36cmの水そうに水をいっぱい入れます。水を入れる時間 y 分は，1分あたりに入る水の深さ x cm に反比例します。

1分あたりに入る水の深さ x (cm)	1	2	3	4	5	6
水を入れる時間 y (分)	36	18	12	9	7.2	6

② 体積が120cm³の四角柱があります。四角柱の高さ y cm は底面積 x cm² に反比例します。

底面積 x (cm²)	1	2	3	4	5	6
高さ y (cm)	120	60	40	30	24	20

③ 面積が24cm²の平行四辺形があります。平行四辺形の高さ y cm は底辺 x cm に反比例します。

底辺 x (cm)	1	2	3	4	5	6
高さ y (cm)	24	12	8	6	4.8	4

20

P.21

⑩ 比例と反比例　反比例の式 (1)

名前　月　日

● 下の表は，18kmの道のりを進んだときの，時速 x km とかかった時間 y 時間の関係を表したものです。

時速 x (km)	1	2	3	4	5	6
時間 y (時間)	18	9	6	4.5	3.6	3

① 表を縦に見て，x と y をかけると決まった数になります。□にあてはまる数を書きましょう。

$$x × y = 18$$

② ①から，y を x の式で表しましょう。

$$y = 18 ÷ x$$

③ ②でつくった式を使って，次のときの y の値を求めましょう。

⑦ x の値が1.5のとき
式 $18 ÷ 1.5 = 12$　　答え 12

⑦ x の値が10のとき
式 $18 ÷ 10 = 1.8$　　答え 1.8

⑦ x の値が12のとき
式 $18 ÷ 12 = 1.5$　　答え 1.5

⑩ 比例と反比例　反比例の式 (2)

名前　月　日

● 下の表は，深さが36cmの水そうに水をいっぱい入れるときの，1分あたりに入る水の深さ x cm と水を入れる時間 y 分の関係を表したものです。

1分あたりに入る水の深さ x (cm)	1	2	3	4	5	6
水を入れる時間 y (分)	36	18	12	9	7.2	6

① 1分あたりに入る水の深さ x cm とかかる時間 y 分の積は，何を表していますか。

（ 水そう全体の深さ ）

② y を x の式で表しましょう。（ $y = 36 ÷ x$ ）

③ x の値が20のときの y の値を求めましょう。

式 $36 ÷ 20 = 1.8$　　答え 1.8

④ y の値が2のときの x の値を求めましょう。

式 $36 ÷ 2 = 18$　　答え 18

21

P.22

⑩ 比例と反比例　反比例のグラフ (1)

名前　月　日

● 下の表は，60kmの道のりを進んだときの，時速 x km とかかった時間 y 時間の関係を表したものです。下の表の x と y の値の組を，下のグラフに表しましょう。

時速 x (km)	1	2	3	4	5	6	10	20	30	40	50	60
時間 y (時間)	60	30	20	15	12	10	6	3	2	1.5	1.2	1

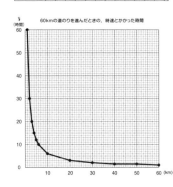

60kmの道のりを進んだときの，時速とかかった時間

⑩ 比例と反比例　反比例のグラフ (2)

名前　月　日

● 下の表は，面積が24cm²の長方形の縦の長さ x cm と横の長さ y cm の関係を表したものです。下の表の x と y の値の組を，下のグラフに表しましょう。

縦の長さ x (cm)	1	2	3	4	5	6	8	10	12	15	20	24
横の長さ y (cm)	24	12	8	6	4.8	4	3	2.4	2	1.6	1.2	1

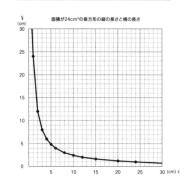

面積が24cm²の長方形の縦の長さと横の長さ

22

P.23

⑩ ふりかえり・たしかめ (1)　比例と反比例

名前　月　日

● 次の⑦，⑦の，2つの数量 x，y の関係について，それぞれ答えましょう。

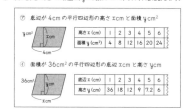

⑦ 底辺が4cmの平行四辺形の高さ x cm と面積 y cm²

高さ x (cm)	1	2	3	4	5	6
面積 y (cm²)	4	8	12	16	20	24

⑦ 面積が36cm²の平行四辺形の底辺 x cm と高さ y cm

底辺 x (cm)	1	2	3	4	5	6
高さ y (cm)	36	18	12	9	7.2	6

① 比例か反比例かを書きましょう。
⑦（ 比例 ）　⑦（ 反比例 ）

② y を x の式で表しましょう。
⑦（ $y = 4 × x$ ）　⑦（ $y = 36 ÷ x$ ）

③ ⑦，⑦の x，y の関係を表したグラフはどのようになりますか。⑦～⑤のうち，あてはまる（　）に⑦，⑦の記号を書きましょう。

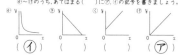

（ ⑦ ）（　）（　）（ ⑦ ）

⑩ ふりかえり・たしかめ (2)　比例と反比例

名前　月　日

● 次の⑦，⑦の，2つの数量 x，y の関係について，それぞれ答えましょう。

⑦ 12kmの道のりを進むときの，時速 x km と，かかる時間 y 時間

時速 x	1	2	3	4	5	6
時間 y (時間)	12	6	4	3	2.4	2

⑦ 時速40kmで進むときの，進んだ時間 x 時間と，道のり y km

時間 x	1	2	3	4	5	6
道のり y (km)	40	80	120	160	200	240

① 比例か反比例かを書きましょう。
⑦（ 反比例 ）　⑦（ 比例 ）

② y を x の式で表しましょう。
⑦（ $y = 12 ÷ x$ ）　⑦（ $y = 40 × x$ ）

③ ⑦，⑦の x，y の関係を表したグラフはどのようになりますか。⑦～⑤のうち，あてはまる（　）に⑦，⑦の記号を書きましょう。

（ ⑦ ）（　）（　）（ ⑦ ）

23

P.24

⑩ ふりかえり・たしかめ (3) 比例と反比例

● 下のグラフは，ゆうとさんとみゆさんが同じコースを同時に出発したときの，歩いた時間と道のりを表しています。

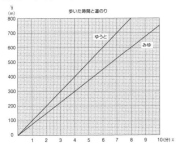

歩いた時間と道のり

① 2人が2分間で歩いた道のりは，それぞれ何mですか。
ゆうと（ 200m ）　みゆ（ 150m ）

② 600mの地点を通過する2人の時間の差は何分ですか。
（ 2分 ）

③ yをエの式で表しましょう。
ゆうと $y = 100 \times x$　みゆ $y = 75 \times x$

⑩ ふりかえり・たしかめ (4) 比例と反比例

① 2つの数量が比例しているものには⑫，反比例しているものには⑭，比例でも反比例でもないものには×を，□に書きましょう。

① 直方体のおふろに260Lのお湯を入れるときの，1分間に入れるお湯の量といっぱいになるまでにかかる時間　【⑭】

② 円の直径の長さと円周の長さ　【⑫】

③ 正方形の1辺の長さと面積　【×】

④ 時速50kmで走る自動車の時間と道のり　【⑫】

⑤ 100kmの道のりを走る自動車の速度とかかる時間　【⑭】

② 表のあいているところに，あてはまる数を書きましょう。

① 縦の長さが6cmの長方形の横の長さエcmと面積ycm²

横の長さエ(cm)	1	2	3	4	5	6
面積 y(cm²)	6	12	18	24	30	36

② 面積が12cm²の長方形の縦の長さエcmと横の長さycm

縦の長さ(cm)	1	2	3	4	5	6
横の長さ(cm)	12	6	4	3	2.4	2

P.25

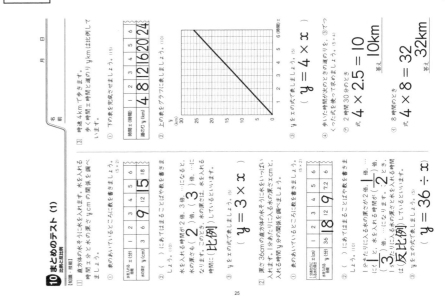

⑩ まとめのテスト (1) 比例と反比例

① 直方体のお子ように水そうに水を入れます。水を入れる時間エ分と水の深さycmの関係を調べました。(5×2)

水を入れた時間エ(分)	1	2	3	4	5	6
水の深さ y(cm)	3		9		15	18

② （ ）にあてはまる数を書きましょう。(5)
水を入れる時間エが2倍，3倍，…になると，水の深さyも（2）倍，（3）倍，…になります。水の深さyは，水を入れる時間エに（比例）しています。

③ yをエの式で表しましょう。(5)
（ $y = 3 \times x$ ）

② 荷物36cmの長方形の縦の長さエcmと横の長さycm

たての長さエ(cm)	1	2	3	4	5	6
横の長さ y(cm)	36	18	12	9	7.2	6

② （ ）にあてはまる数を書きましょう。(5×2)
たての長さエが2倍，3倍，…になると，横の長さyは，$\frac{1}{2}$倍，$\frac{1}{3}$倍，…になります。横の長さyは，たての長さエに（反比例）しています。

③ yをエの式で表しましょう。(5)
（ $y = 36 \div x$ ）

③ 時速4kmで歩きます。歩く時間エ時間と道のりykmは比例しています。

① 下の表を完成させましょう。(15)

時間エ(時間)	1	2	3	4	5	6
道のり y(km)	4	8	12	16	20	24

② 上の表をグラフに表しましょう。(15)

③ yをエの式で表しましょう。(5)
（ $y = 4 \times x$ ）

④ 歩いた時間エが2.5時間のときの道のりを，（）を使って求めましょう。(5×2)
式 $4 \times 2.5 = 10$
答え 10km

⑤ 8時間のとき
式 $4 \times 8 = 32$
答え 32km

P.26

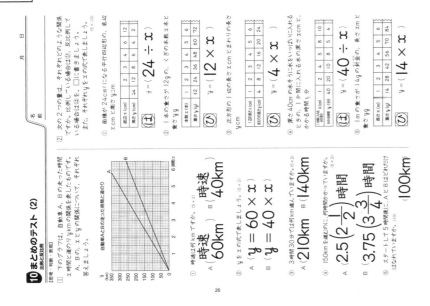

⑩ まとめのテスト (2) 比例と反比例

① 次の2つの量で，それぞれどのような関係ですか。比例しているものは⑫，反比例しているものは⑭，どちらでもないものは×を，□に書きましょう。また，それぞれyをエの式で表しましょう。(5×4)

① 面積が24cm²になる平行四辺形の，底辺エcmと高さycm

底辺エ(cm)	1	2	3	4	6	12
高さ y(cm)	24	12	8	6	4	2

【⑭】 $y = 24 \div x$

② 1本の重さが12gの，くぎの本数エ本と重さyg

本数エ(本)	1	2	3	4	5	6
重さ y(g)	12	24	36	48	60	72

【⑫】 $y = 12 \times x$

③ 正方形の1辺の長さエcmとまわりの長さycm

1辺の長さエ(cm)	1	2	3	4	5	6
長さ y(cm)	4	8	12	16	20	24

【⑫】 $y = 4 \times x$

④ 深さ40cmの水そうに水をいっぱいに入れるとき，1分間に入れる水の深さエcmと，かかる時間y分

深さエ(cm)	1	2	4	8	10	20
時間 y(分)	40	20	10	5	4	2

【⑭】 $y = 40 \div x$

⑤ 1mの重さが14gの針金の，長さエmと重さyg

長さエ(m)	1	2	3	4	5	6
重さ y(g)	14	28	42	56	70	84

【⑫】 $y = 14 \times x$

② 下のグラフは，自動車A，Bの走った時間エ時間と道のりykmの関係を表したものです。比例しているので⑫，反比例しているので⑭，どちらでもないので×を，□に書きましょう。A，B，エとりの関係についてそれぞれ答えましょう。

① 時速は何kmですか。(5×2)
A 時速60km　B 時速40km

② yをエの式で表しましょう。(5×2)
A $y = 60 \times x$　B $y = 40 \times x$

③ 3時間30分では何km進んでいますか。(5×2)
A 210km　B 140km

④ 150kmを進むのに何時間かかりますか。(5×2)
A $2.5（2\frac{1}{2}）$時間　B $3.75（3\frac{3}{4}）$時間

⑤ スタートして5時間後のきょりは，AとBは何kmだけはなれていますか。(10)
100km

P.27

⑪ 並べ方と組み合わせ方 並べ方 (1)

● ゆきこ，こうき，さら，けいごの4人でリレーをします。どんな走る順序があるか調べましょう。

ゆきこ…ゆ　こうき…こ　さら…さ　けいご…け

① 1番めに走る人を⑩，2番めを⑤としたときの場合を，すべて書きましょう。
ゆ-こ-さ-け　ゆ-こ-け-さ

② 1番めに走る人を⑩，2番めを⑰としたときの場合を，すべて書きましょう。
ゆ-さ-こ-け　ゆ-さ-け-こ

③ 1番めに走る人を⑩，2番めを⑦としたときの場合を，すべて書きましょう。
ゆ-け-こ-さ　ゆ-け-さ-こ

④ ①，②，③をまとめて，樹形図にかきましょう。

⑪ 並べ方と組み合わせ方 並べ方 (2)

● たいき，かほ，ふみや，あさひの4人でリレーをします。どんな走る順序があるか，樹形図をかいて調べましょう。

たいき…た　かほ…か　ふみや…ふ　あさひ…あ

① ⑦を1番めにして，樹形図をかきましょう。何通りになりますか。
（ 6 ）通り

② ⑥を1番めにして，樹形図をかきましょう。何通りになりますか。
（ 6 ）通り

③ ⑦とあが1番めになる場合をふくめると，4人が走る順序は全部で何通りありますか。
（ 24 ）通り

解答

児童に実施させる前に，必ず指導される方が問題を解いてください。本書の解答は，あくまでも1つの例です。指導される方の作られた解答をもとに，本書の解答例を参考に児童の多様な考えに寄り添って○つけをお願いします。

P.28

⑪ 並べ方と組み合わせ方　並べ方 (3)

① A，B，Cの3人が1列に並びます。

① Aが1番左になる並び方を図に表して調べましょう。
Aが1番左になる並び方は，全部で何通りになりますか。

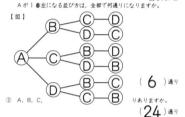

（ 2 ）通り

② A，B，Cの3人の並び方は，全部で何通りありますか。

（ 6 ）通り

② A，B，C，Dの4人が1列に並びます。

① Aが1番左になる並び方を図に表して調べましょう。
Aが1番左になる並び方は，全部で何通りになりますか。

【図】

（ 6 ）通り

② A，B，C，りありますか。

（24）通り

⑪ 並べ方と組み合わせ方　並べ方 (4)

① 1，2，3，4の4枚のカードを使って，4けたの整数を作ります。

① 1のカードを千の位にした並び方は，全部で何通りになりますか。図に表して調べましょう。

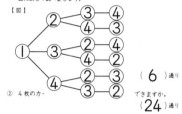

② 4枚のカー
できますか。
（24）通り

② 0，4，6，7の4枚のカードを使って，4けたの整数を作ります。

① 4枚のカードの中で，千の位にすると4けたの整数にならない数字があります。それは，何ですか。

0

② 4のカードを千の位にした並び方は，全部で何通りありますか。

（ 6 ）通り

③ 0，4，6，7の4枚のカードを使った整数は全部で何通りできますか。

（18）通り

P.29

⑪ 並べ方と組み合わせ方　並べ方 (5)

① 5，6，7，8の4枚のカードがあります。この4枚の中から2枚を選んで，2けたの整数を作ります。

① 5を十の位にした場合，何通りできますか。
右の図の続きをかいて調べましょう。

（ 3 ）通り

② 6を十の位にした場合，何通りできますか。
右に，図をかいて調べましょう。

【図】

（ 3 ）通り

③ 2けたの整数は，全部で何通りできますか。

（12）通り

② 0，3，8，9の4枚のカードがあります。この4枚の中から2枚を選んで，2けたの整数を作ります。
2けたの整数は，全部で何通りできますか。

（ 9 ）通り

⑪ 並べ方と組み合わせ方　並べ方 (6)

● バドミントンの試合を3回します。このとき，勝ち負けにはどんな場合がありますか。（引き分けはありません。）

① 1回めに勝った場合，何通りになりますか。図の続きをかいて調べましょう。（勝ちを○，負けを●でかきましょう。）

【図】

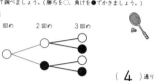

（ 4 ）通り

② 1回めに負けた場合，何通りになりますか。図をかいて調べましょう。

【図】

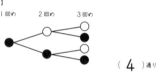

（ 4 ）通り

③ 全部で何通りになりますか。

（ 8 ）通り

P.30

⑪ 並べ方と組み合わせ方　組み合わせ方 (1)

● A，B，C，Dの4チームで試合をします。どのチームも，ちがったチームと1回ずつ試合をするとき，どんな対戦があるのか，次の2つの方法で調べましょう。

⑦ 対戦表をかいて調べる方法

① A対Aのように，同じチームですることはないので，そのますには，\の線を引きましょう。
② A対BとB対Aは同じです。同じ対戦のますには，×をかきましょう。

③ 全部で何試合になりますか。

（ 6 ）試合

④ 対戦相手と線をひく方法

① AからB，C，Dに，線を引きましょう。
② B，C，Dからも線を引きましょう。（同じところを通る線は，ひきません。）

③ 全部で何試合になりますか。

（ 6 ）試合

⑪ 並べ方と組み合わせ方　組み合わせ方 (2)

① A，B，C，D，Eの5チームで試合をします。どのチームも，ちがったチームと1回ずつ試合をするとき，全部で何試合になりますか。図か表に表して調べましょう。

【図・表】

（例）

（10）試合

② チョコレート，オレンジ，マンゴー，バニラ，グレープの5種類のアイスクリームから4種類を選んで買います。何通りの買い方がありますか。表を使って調べましょう。

チョコレート	オレンジ	マンゴー	バニラ	グレープ
○	○	○	○	×
○	○	○	×	○
○	○	×	○	○
○	×	○	○	○
×	○	○	○	○

（ 5 ）通り

P.31

⑪ 並べ方と組み合わせ方　組み合わせ方 (3)

● 赤，青，黄，緑，ピンク，むらさきの6色のテープから，ちがう色の2本を選んでかざりを作ります。どんな組み合わせがありますか。
図か表に表して調べましょう。

【図・表】

（例）

① 組み合わせをすべて書きましょう。

赤青	赤黄	赤緑	赤ピ	赤む
青黄	青緑	青ピ	青む	
黄緑	黄ピ	黄む		
緑ピ	緑む			
ピむ				

② 全部で何通りになりますか。

（15）通り

⑪ 並べ方と組み合わせ方　組み合わせ方 (4)

● 駅前のカフェでは，飲み物をコーヒーか紅茶のどちらか選びます。
そして，スイーツを右の5種類のうちから2種類選んで注文します。

① コーヒーを選んだ場合，どんな組み合わせがありますか。図か表に表して調べましょう。

⑦クッキー
⑦ケーキ
⑦シュークリーム
⑦アイスクリーム
⑦カステラ

【図・表】

略

② スイーツの組み合わせをすべて書きましょう。

⑦⑦	⑦⑦	⑦⑦	⑦⑦	
⑦⑦	⑦⑦	⑦⑦		
⑦⑦	⑦⑦			
⑦⑦				

③ コーヒーを選んだ場合，紅茶を選んだ場合，合わせて注文は何通りありますか。

（20）通り

P.32

11 並べ方と組み合わせ方
組み合わせ方 (5)

名前

● あるレストランでは，下の(A)，(B)，(C)から，それぞれ１つずつ選んで注文をします。注文のしかたは何通りありますか。

(A)	(B)	(C)
ハンバーグ シチュー スープカレー	フレンチサラダ ポテトサラダ	アイスクリーム ゼリー プリン

① (A)でハンバーグを選んだ場合の選び方は，何通りありますか。下の樹形図の続きをかいて調べましょう。

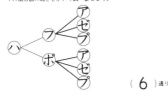

(6) 通り

② (A)，(B)，(C)から，それぞれ１つずつ選ぶ注文のしかたは，全部で何通りありますか。

(18) 通り

③ (A)，(B)，(C)に加えて，ごはんかパンを選ぶこともできます。全部で何通りになりますか。

(36) 通り

32

11 ふりかえり・たしかめ (1)
並べ方と組み合わせ方

名前　月　日

● A，B，C，Dの４人がいます。

① ４人が縦１列に並びます。どんな並び方があるか調べましょう。

⑦ Aさんが先頭になる並び方は，何通りありますか。下の図に表して調べましょう。

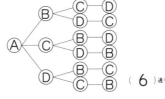

(6) 通り

④ ４人が縦１列になる並び方は，全部で何通りありますか。

(24) 通り

② ４人が，１対１でじゃんけんをします。それぞれが別の人と１回ずつじゃんけんをします。全部で何回じゃんけんをすることになりますか。

(6) 通り

③ ４人のうち３人ずつボートに乗ります。３人ずつになる組み合わせは，全部で何通りありますか。

(4) 通り

P.33

11 ふりかえり・たしかめ (2)
並べ方と組み合わせ方

名前　月　日

① 右の４種類のお金が１枚ずつあります。

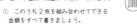

① このうち２枚を組み合わせてできる金額をすべて書きましょう。

(150円, 110円, 105円
　60円, 55円, 15円)

② ３枚を組み合わせてできる金額をすべて書きましょう。

(160円, 155円, 115円, 65円)

② 梅，こんぶ，ツナ，さけ，たらこの５種類のおにぎりがあります。５種類の中から２種類を選んで食べます。どんな組み合わせがあって，何通りになりますか。図や表に表して調べましょう。

【図・表】

(例)

(10) 通り

33

11 ふりかえり・たしかめ (3)
並べ方と組み合わせ方

名前　月　日

① [0],[3],[5],[8]の４枚のカードを使って，４けたの整数をつくります。

① 千の位を３にした場合，何通りの数ができますか。図に表して調べましょう。

| 千の位 | 百の位 | 十の位 | 一の位 |

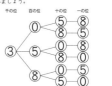

(6) 通り

② [0],[3],[5],[8]の４枚のカードを使った整数は全部で何通りできますか。

(18) 通り

② [5],[6],[7],[9]の４枚のカードを使って，２けたの整数を作ります。

① [5]を十の位にした場合，何通りできますか。図に表して調べましょう。

(3) 通り

② ２けたの整数は，全部で何通りできますか。

(12) 通り

P.34

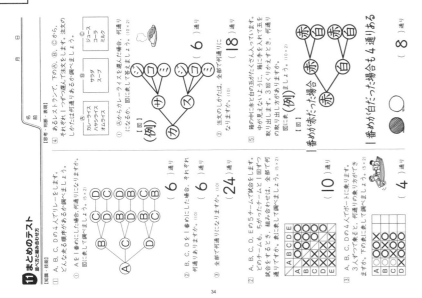

11 まとめのテスト
並べ方と組み合わせ方

【知識・判断・表現】

(6) 通り

(6) 通り

(24) 通り

(10) 通り

(4) 通り

34

P.35

12 データの調べ方
問題の解決の進め方 (1)

名前　月　日

● 下の表は，6年1組，2組の反復横とびの結果を表したものです。

1組の反復横とびの記録				2組の反復横とびの記録			
番号	回数	番号	回数	番号	回数	番号	回数
① 38	⑥ 50	⑪ 38	⑯ 46	① 45	⑥ 40	⑪ 47	⑯ 40
② 48	⑦ 44	⑫ 49	⑰ 50	② 46	⑦ 42	⑫ 40	⑰ 41
③ 40	⑧ 46	⑬ 52	⑱ 46	③ 38	⑧ 47	⑬ 35	⑱ 47
④ 39	⑨ 52	⑭ 46		④ 46	⑨ 50	⑭ 45	⑲ 43
⑤ 45	⑩ 46	⑮ 46		⑤ 44	⑩ 41	⑮ 47	

① 1組，2組それぞれの平均値を求めましょう。わりきれないときは，$\frac{1}{10}$の位で四捨五入しましょう。

1組 式 (38 + 48 + 40 + 39 + 45 + 50 + 44 + 46 + 52 + 46 + 38 + 49 + 52 + 46 + 46 + 45 + 50 + 40) ÷ 18 = 45.2…　**答え 約45回**

2組 式 (45 + 46 + 38 + 46 + 44 + 40 + 42 + 47 + 50 + 41 + 47 + 40 + 35 + 45 + 47 + 40 + 41 + 47 + 43) ÷ 19 = 43.3…　**答え 約43回**

② 1組と2組を比べると，どちらの平均値の方が高いですか。

(1組)

12 データの調べ方
問題の解決の進め方 (2)

名前　月　日

● 下の表は，6年1組，2組の反復横とびの結果を表したものです。それぞれをドットプロットに表しましょう。

1組の反復横とびの記録				2組の反復横とびの記録			
番号	回数	番号	回数	番号	回数	番号	回数
① 38	⑥ 50	⑪ 38	⑯ 46	① 45	⑥ 40	⑪ 47	⑯ 40
② 48	⑦ 44	⑫ 49	⑰ 50	② 46	⑦ 42	⑫ 40	⑰ 41
③ 40	⑧ 46	⑬ 52	⑱ 46	③ 38	⑧ 47	⑬ 35	⑱ 47
④ 39	⑨ 52	⑭ 46		④ 46	⑨ 50	⑭ 45	⑲ 43
⑤ 45	⑩ 46	⑮ 46		⑤ 44	⑩ 41	⑮ 47	

1組

2組

35

P.36

12 データの調べ方 問題の解決の進め方 (3)　名前　月　日

● 下のドットプロットは，6年1組，2組の反復横とびの結果を表したものです。問いに答えましょう。

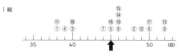

① 1組，2組それぞれの組の最頻値（モード）は何回ですか。

1組（ **46回** ）　2組（ **47回** ）

② それぞれのドットプロットの，平均値を表すところに▲をかきましょう。（1組の平均値　約45回　2組の平均値　約43回）

③ ドットプロットに平均値をかいて，気がついたことを書きましょう。

（例）**平均値にドットが集まっているとはいえない。**

12 データの調べ方 問題の解決の進め方 (4)　名前　月　日

● 下のドットプロットは，6年1組，2組の反復横とびの結果です。それぞれを，度数分布表に整理しましょう。

1組の反復横とびの記録

回数（回）	人数（人）
35以上～40未満	3
40～45	3
45～50	8
50～55	4
合計	18

2組の反復横とびの記録

回数（回）	人数（人）
35以上～40未満	2
40～45	8
45～50	8
50～55	1
合計	19

P.37

12 データの調べ方 問題の解決の進め方 (5)　名前　月　日

① 下のドットプロットは，ある学校の6年生のソフトボール投げの記録を表したものです。度数分布表に整理しましょう。

6年生のソフトボール投げの記録

記録（m）	人数（人）
15以上～20未満	4
20～25	6
25～30	4
30～35	5
35～40	6
40～45	10
合計	35

② 下のドットプロットは，ある学校の6年生の50m走の記録を表したものです。右の度数分布表に整理しましょう。

6年生の50m走の記録

記録（秒）	人数（人）
6.5以上～7.0未満	1
7.0～7.5	3
7.5～8.0	5
8.0～8.5	6
8.5～9.0	6
9.0～9.5	4
9.5～10.0	2
10.0～10.5	3
合計	32

12 データの調べ方 問題の解決の進め方 (6)　名前　月　日

● 下の6年1組と2組の反復横とびの度数分布表を見て答えましょう。

1組の反復横とびの記録

回数（回）	人数（人）
35以上～40未満	3
40～45	3
45～50	8
50～55	4
合計	18

2組の反復横とびの記録

回数（回）	人数（人）
35以上～40未満	2
40～45	8
45～50	8
50～55	1
合計	19

① 40回以上45回未満の階級の度数は，それぞれ何人ですか。

1組（ **3人** ）　2組（ **8人** ）

② 回数が少ないほうから10番めは，それぞれどの階級にありますか。

1組（ **45回以上50回未満** ）

2組（ **40回以上45回未満** ）

③ 45回以上の度数の合計を，それぞれ求めましょう。また，その割合は，全体の度数の合計のおよそ何％ですか。1/10 の位を四捨五入して，整数で求めましょう。

1組（ **12** ）
式　12÷18＝0.666…
0.666×100＝66.6　約 **67** ％

2組（ **9** ）人
式　9÷19＝0.473…
0.473×100＝47.3　約 **47** ％

P.38

12 データの調べ方 問題の解決の進め方 (7)　名前　月　日

● 下の度数分布表は，6年1組と2組のソフトボール投げの記録を整理したものです。下の問いに答えましょう。

1組のソフトボール投げの記録

記録（m）	人数（人）
10以上～15未満	2
15～20	8
20～25	2
25～30	3
30～35	3
35～40	5
40～45	7
合計	30

2組のソフトボール投げの記録

記録（m）	人数（人）
10以上～15未満	3
15～20	6
20～25	3
25～30	4
30～35	4
35～40	5
40～45	4
合計	29

① 度数がいちばん多い階級は，それぞれどの階級ですか。

1組（ **15m以上20m未満** ）

2組（ **35m以上40m未満** ）

② 投げたきょりが短いほうから10番めは，それぞれどの階級にありますか。

1組（ **15m以上20m未満** ）

2組（ **20m以上25m未満** ）

③ 40m以上投げた度数の割合は，全体の度数の合計のおよそ何％ですか。1/10 の位を四捨五入して，整数で求めましょう。

1組　7÷30＝0.233…
0.233×100＝23.3　約 **23** ％

2組　式　4÷29＝0.137…
0.137×100＝13.7　約 **14** ％

12 データの調べ方 問題の解決の進め方 (8)　名前　月　日

● 下の6年1組と2組の反復横とびの度数分布をヒストグラムに表しましょう。

1組の反復横とびの記録

回数（回）	人数（人）
35以上～40未満	3
40～45	3
45～50	8
50～55	4
合計	18

2組の反復横とびの記録

回数（回）	人数（人）
35以上～40未満	2
40～45	8
45～50	8
50～55	1
合計	19

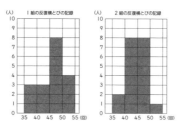

P.39

12 データの調べ方 問題の解決の進め方 (9)　名前　月　日

● 下の度数分布表は，6年1組と2組のソフトボール投げの記録を整理したものです。ヒストグラムに表しましょう。

1組のソフトボール投げの記録

記録（m）	人数（人）
10以上～15未満	2
15～20	8
20～25	2
25～30	3
30～35	3
35～40	5
40～45	7
合計	30

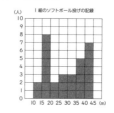

2組のソフトボール投げの記録

記録（m）	人数（人）
10以上～15未満	3
15～20	6
20～25	3
25～30	4
30～35	4
35～40	5
40～45	4
合計	29

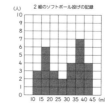

12 データの調べ方 問題の解決の進め方 (10)　名前　月　日

● 下のヒストグラムは，6年1組と2組のソフトボール投げの記録を表したものです。下の問いに答えましょう。

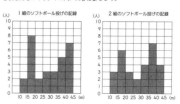

① 1組，2組で，いちばん度数が多いのは，それぞれどの階級ですか。

1組（ **15m以上20m未満** ）

2組（ **35m以上40m未満** ）

② 1組，2組の平均値は，それぞれどの階級に入りますか。（1組の平均値　約30　2組の平均値　約28）

1組（ **30m以上35m未満** ）

2組（ **25m以上30m未満** ）

P.40

12 データの調べ方
問題の解決の進め方 (11)

● 下のヒストグラムは，6年1組と2組の50m走の記録を表したものです。下の問いに答えましょう。

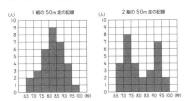

① 1組，2組で，いちばん度数が多いのは，それぞれどの階級ですか。

1組（ 8.0 秒以上 8.5 秒未満 ）

2組（ 7.0 秒以上 7.5 秒未満 ）

② 1組，2組のちらばりの様子の特ちょうを書きましょう。

（例）1組（ 中間が多い山型に分布している。）

2組（ 前後が多い谷型に分布している。）

12 データの調べ方
問題の解決の進め方 (12)

● 下のヒストグラムは，6年1組と2組の1週間の読書時間の記録を表したものです。下の問いに答えましょう。

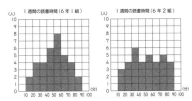

① 1組，2組で，1時間以上読書をした人は，それぞれ何人ですか。

1組（ 11人 ）　2組（ 13人 ）

② 1組，2組のちらばりの様子の特ちょうを書きましょう。

（例）1組（ 中間が多い山型に分布している。）

2組（ 全体に同じ程度に分布している。）

P.41

12 データの調べ方
問題の解決の進め方 (13)

● 下のヒストグラムは，6年1組と2組で1学期間に図書室で借りた本の冊数の記録を表したものです。下の問いに答えましょう。

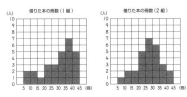

① 1組，2組で，いちばん度数が多いのは，それぞれどの階級ですか。

1組（ 35冊以上40冊未満 ）

2組（ 25冊以上30冊未満 ）

② 30冊以上借りる人は，それぞれ何人ですか。

1組（ 17人 ）　2組（ 11人 ）

③ 1組，2組のちらばりの様子の特ちょうを書きましょう。

（例）1組（ 全体的に多く借りたほうに多く分布している。）

2組（ 中間が多い山型に分布している。）

12 データの調べ方
問題の解決の進め方 (14)

● 下の度数分布表は，ある学校の6年生の1週間の読書時間の記録をまとめたものです。ヒストグラムに表して，下の問いに答えましょう。

記録(分)	人数(人)
0 以上～ 20 未満	2
20 ～ 40	2
40 ～ 60	3
60 ～ 80	7
80 ～ 100	3
100 ～ 120	3
120 ～ 140	4
140 ～ 160	6
合　計	30

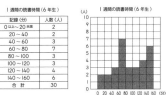

① 1時間も読書をしていない人は何人ですか。また，それは全体のおよそ何%ですか。$\frac{1}{10}$ の位を四捨五入して，整数で求めましょう。

（ 7 ）人

式　7÷30＝0.233…

0.233×100＝23.3　約 23 %

② 2時間以上読書をしている人は何人ですか。また，それは全体のおよそ何%ですか。$\frac{1}{10}$ の位を四捨五入して，整数で求めましょう。

（ 10 ）人

式　10÷30＝0.333…　約 33 %

0.333×100＝33.3

P.42

12 データの調べ方
問題の解決の進め方 (15)

1 反復横とびの記録の中央値を求めましょう。

① データの値を，小さい順に並べました。中央値を求めましょう。

㋐ 38 39 40 44 45 46 48 49 50

中央値（ 45 回 ）

㋑ 35 38 39 40 42 44 45 47 50 52

中央値（ 43 回 ）

② ドットプロットから中央値を求めましょう。

中央値（ 45.5 回 ）

2 中央値は，どの階級にありますか。

6年1組の反復横とびの記録

回数(回)	人数(人)
35 以上～ 40 未満	3
40 ～ 45	3
45 ～ 50	8
50 ～ 55	4
合　計	18

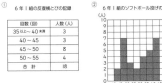

6年1組のソフトボール投げの記録

（ 45回以上 50回未満 ）　（ 30m以上 35m未満 ）

12 データの調べ方
問題の解決の進め方 (16)

● ドットプロットにある6年生のソフトボール投げの記録を整理しましょう。

（25人）

① 記録を度数分布表に整理しましょう。

6年生のソフトボール投げの記録

記録(m)	人数(人)
15 以上～ 20 未満	3
20 ～ 25	5
25 ～ 30	3
30 ～ 35	3
35 ～ 40	4
40 ～ 45	7
合　計	25

② 平均値を求めましょう。（きょりの合計766m）

式　766÷25＝30.64

答え 30.64m

③ 最頻値を書きましょう。（ 21m ）

④ 中央値を書きましょう。（ 31m ）

⑤ 30m以上の度数の割合（%）を求めましょう。

式　14÷25＝0.56

0.56×100＝56　答え 56%

P.43

12 データの調べ方
問題の解決の進め方 (17)

● 右のヒストグラムは，ある学校の6年生25人の50m走の記録を表したものです。

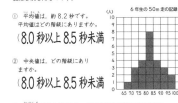
6年生の50m走の記録

① 平均値は，約8.2秒です。平均値はどの階級にありますか。

（ 8.0 秒以上 8.5 秒未満 ）

② 中央値は，どの階級にありますか。

（ 8.0 秒以上 8.5 秒未満 ）

③ 最頻値は8.5秒でした。最頻値はどの階級にありますか。

（ 8.5 秒以上 9.0 秒未満 ）

④ 7.5秒より速い度数の割合（%）を求めましょう。

式　4÷25＝0.16

0.16×100＝16　答え 16%

⑤ 9秒よりおそい度数の割合（%）を求めましょう。

式　5÷25＝0.2

0.2×100＝20　答え 20%

12 データの調べ方
問題の解決の進め方 (18)

● 下の表は，Ⓐさんとℬさんが収かくしたさつまいもの重さです。

Ⓐさんが収かくしたさつまいもの重さ(g)

①	②	③	④	⑤
278	305	309	297	324
⑥ 308	⑦ 310	⑧ 280	⑨ 300	

（合計2711g）

ℬさんが収かくしたさつまいもの重さ(g)

①	②	③	④	⑤
290	288	303	306	274
⑥ 269	⑦ 331	⑧ 340	⑨ 315	⑩ 285

（合計2961g）

① 平均値を求めましょう。$\frac{1}{10}$ の位を四捨五入して，整数で答えましょう。

Ⓐさんのさつまいも

2711÷9＝301.22…

答え 約301g

ℬさんのさつまいも

2961÷10＝296.1

答え 約296g

② ドットプロットに表しましょう。

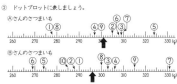

③ 平均値を↑でドットプロットにかきましょう。

④ それぞれの中央値は何gですか。

Ⓐさんのさつまいも（ 305g ）

ℬさんのさつまいも（ 295g ）

P.44

12 データの調べ方
問題の解決の進め方 (19)

● 下のドットプロットは，ⒶさんとⒷさんが収かくしたさつまいもの重さを表したものです。度数分布表に整理して答えましょう。

重さ(g)	収かく数(本)
260 以上〜270 未満	0
270〜280	1
280〜290	1
290〜300	1
300〜310	4
310〜320	1
320〜330	0
330〜340	1
合計	9

重さ(g)	収かく数(本)
260 以上〜270 未満	1
270〜280	1
280〜290	2
290〜300	2
300〜310	3
310〜320	0
320〜330	0
330〜340	1
合計	10

290g以上310g未満の度数の割合(%)をそれぞれ求めましょう。
わりきれないときは，1/10の位を四捨五入して，整数で答えましょう。

Ⓐさん　5÷9＝0.555…
式　0.555×100＝55.5　　答え　約56%

Ⓑさん　4÷10＝0.4
式　0.4×100＝40　　答え　40%

12 データの調べ方
問題の解決の進め方 (20)

● 下のヒストグラムは，ⒶさんとⒷさんが収かくしたにんじんの重さを表したものです。

① 中央値は，それぞれどの階級にありますか。

Ⓐさんのにんじん（ 180 ）g以上（ 190 ）g未満
Ⓑさんのにんじん（ 190 ）g以上（ 200 ）g未満

② いちばん度数が多い階級は，それぞれどの階級で，その割合は何%ですか。

Ⓐさんのにんじん（ 180 ）g以上（ 190 ）
式　8÷25＝0.32
　　0.32×100＝32　　答え　32 %

Ⓑさんのにんじん（ 190 ）g以上（ 200 ）
式　6÷24＝0.25
　　0.25×100＝25　　答え　25 %

P.45

12 データの調べ方
いろいろなグラフ (1)

● 下のグラフは，1985年，2020年の日本の人口について調べたものです。グラフを見て下の問いに答えましょう。

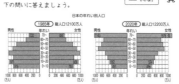

① 20才未満の人口は，それぞれおよそ何万人ですか。

1985年 約3501万人　　2020年 約2055万人

② 70才以上の人口は，それぞれおよそ何万人ですか。
それは，総人口のおよそ何%にあたりますか。1/10の位を四捨五入して，整数で答えましょう。

1985年 約826万人
式　826÷12100＝0.068…
　　0.068×100＝6.8　　答え　約7 %

2020年 約2719万人
式　2719÷12200＝0.222…
　　0.222×100＝22.2　　答え　約22 %

12 データの調べ方
いろいろなグラフ (2)

● 下のダイヤグラムは，杉山駅と内田駅の間の列車の運行を表しています。10時から11時半までの運行を読み取って答えましょう。

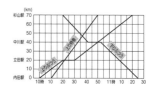

① 10時に内田駅を出発した列車は，立田駅で何分間とまっていますか。
（ 10分間 ）

② 10時に内田駅を出発した列車が杉山駅に着くのは，何時何分ですか。
（ 11時20分 ）

③ 下りのふつう電車は，杉山駅から内田駅まで何分かかっていますか。
（ 65分 ）

④ 上りの特急列車は，内田駅から杉山駅まで，上りのふつう列車より何分短い時間で着きますか。
（ 40分 ）

P.46

12 ふりかえり・たしかめ (1)
データの調べ方

● 下の表は，ある日の6年生30人の学習時間の記録です。

6年生の学習時間(分)

40	30	60	45	20	80	20	40	70	45
45	45	50	60	85	65	70	75	60	55
50	45	15	60	55	20	35	60	50	25

① ドットプロットに表しましょう。

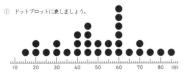

② 度数分布表にまとめましょう。

6年生の学習時間

時間(分)	人数(人)
0 以上〜20 未満	1
20〜40	6
40〜60	11
60〜80	10
80〜100	2
合計	30

③ 平均値を求めましょう。
（合計 1490分）
小数第一位を四捨五入しましょう。

式　1490÷30＝49.66…
答え　約50分

④ 最頻値を書きましょう。
60分

12 ふりかえり・たしかめ (2)
データの調べ方

● 下の表は，ある日の6年生30人の学習時間を度数分布表にまとめたものです。

6年生の学習時間	
時間(分)	人数(人)
0 以上〜20 未満	3
20〜40	6
40〜60	8
60〜80	9
80〜100	4
合計	30

① ヒストグラムに表しましょう。

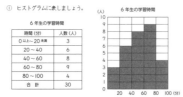

② 中央値は，どの階級にありますか。
（ 40 ）分以上（ 60 ）分未満

③ いちばん度数が多いのは，どの階級ですか。
また，その割合は，全体の度数の合計の何%ですか。
（ 60 ）分以上（ 80 ）分未満
式　9÷30＝0.3
　　0.3×100＝30　　答え　30%

④ 20分未満の割合は，全体の度数の合計の何%ですか。
式　3÷30＝0.1
　　0.1×100＝10　　答え　10%

P.47

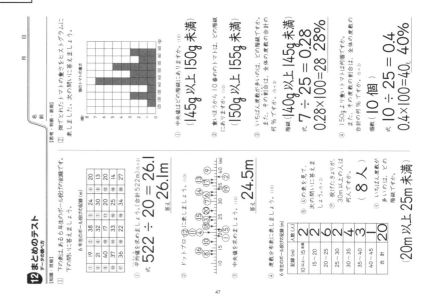

12 まとめのテスト
データの調べ方

[知識・技能]
[1] 下の表は，ある6年生のボール投げの記録です。下の問いに答えましょう。(10)

記録(m)									
19	38	24	20						
21	40	32	33	25					
37	36	22	34	27					

① 平均値を求めましょう（合計522m）(5×2)
式　522÷20＝26.1　答え　26.1m

② ドットプロットに表しましょう。(10)

③ 中央値を求めましょう。(10)
答え　24.5m

④ 度数分布表に表しましょう。(10)

記録(m)	人数(人)
10 以上〜15 未満	
15〜20	2
20〜25	6
25〜30	2
30〜35	4
35〜40	3
40〜45	1
合計	20

⑤ 小数を見て，次の間いに答えましょう。(10)
⑥ 投げ上まりが，30m以上投げた人は何人ですか。
（ 8人 ）
⑦ いちばん多い度数が多いのは，どの階級ですか。
20m以上25m未満

[思考・判断・表現]
[2] 用意してトマトの重さをヒストグラムに表しました。次の間いに答えましょう。

個のトマトの重さ

① 中央値はどの階級にありますか。(10)
（145g以上150g未満）

② 重いほうから10番目のトマトは，どの階級にありますか。(10)
（150g以上155g未満）

③ いちばん度数が多いのは，どの階級ですか。また，その割合は，全体の度数の合計の何%ですか。(5×3)
階級（140g以上145g未満）
式　7÷25＝0.28
　　0.28×100＝28　　答え　28%

④ 150g以上重いトマトは何個ありますか。また，その個数の割合は，全体の度数の合計の何%ですか。
個数（ 10個 ）
式　10÷25＝0.4
　　0.4×100＝40　　答え　40%

P.48

⑬ 算数のしあげ　数と計算 (1)

● 次の数を書きましょう。

① 1億を6こ、10万を7こ、1万を3こあわせた数。 (600730000)

② 10兆を4こ、10億を5こあわせた数。 (40005000000000)

③ 1兆を26こ、1億を493こ、1万を580こあわせた数。 (26049305800000)

④ 1000を351こ集めた数。 (351000)

⑤ 1000を40900こ集めた数。 (40900000)

⑥ 29740000は、1000を何こ集めた数ですか。 (29740)こ

⑦ 4200万を100倍した数。 (42億)

⑧ 5090億を100倍した数。 (50兆9000億)

⑨ 86万を $\frac{1}{100}$ にした数。 (8600)

⑩ 405億を $\frac{1}{100}$ にした数。 (4億500万)

⑬ 算数のしあげ　数と計算 (2)

● 次の数を書きましょう。

① 10を7こ、1を3こ、0.1を8こ、0.01を9こ、0.001を4こあわせた数。 (73.894)

② 1を6こ、0.01を3こあわせた数。 (6.03)

③ 0.1を28こ集めた数。 (2.8)

④ 0.01を307こ集めた数。 (3.07)

⑤ 7.52は0.01を何こ集めた数ですか。 (752)こ

⑥ 3.8は0.01を何こ集めた数ですか。 (380)こ

⑦ 4.3を100倍した数。 (430)

⑧ 2.6を $\frac{1}{100}$ にした数。 (0.026)

⑨ 5を $\frac{1}{100}$ にした数。 (0.05)

⑩ $\frac{1}{8}$ を5こ集めた数。 ($\frac{5}{8}$)

⑪ 3は $\frac{1}{10}$ を何こ集めた数ですか。 (30)こ

⑫ 2は $\frac{1}{6}$ を何こ集めた数ですか。 (12)こ

P.49

⑬ 算数のしあげ　数と計算 (3)

① 次の分数を、小数で表しましょう。

① $\frac{4}{5}$ (0.8)　② $\frac{11}{4}$ (2.75)

③ $\frac{9}{8}$ (1.125)　④ $2\frac{3}{8}$ (2.375)

⑤ $3\frac{1}{2}$ (3.5)　⑥ $\frac{9}{20}$ (0.45)

⑦ $\frac{6}{25}$ (0.24)　⑧ $\frac{16}{25}$ (0.64)

② 次の小数や整数を、分数で表しましょう。

① 0.3 ($\frac{3}{10}$)　② 0.6 ($\frac{3}{5}$)

③ 0.09 ($\frac{9}{100}$)　④ 0.12 ($\frac{3}{25}$)

⑤ 2.04 ($\frac{51}{25}$ ($2\frac{1}{25}$))　⑥ 0.64 ($\frac{16}{25}$)

⑦ 8 ($\frac{8}{1}$)　⑧ 12 ($\frac{12}{1}$)

⑬ 算数のしあげ　数と計算 (4)

① 次の分数を、小数で表しましょう。

① $\frac{2}{5}$ (0.4)　② $\frac{3}{4}$ (0.75)

③ $\frac{5}{8}$ (0.625)　④ $\frac{8}{5}$ (1.6)

⑤ $4\frac{1}{4}$ (4.25)　⑥ $1\frac{1}{8}$ (1.125)

② 次の小数や整数を、分数で表しましょう。

① 0.3 ($\frac{3}{10}$)　② 0.27 ($\frac{27}{100}$)

③ 0.8 ($\frac{4}{5}$)　④ 2.25 ($2\frac{1}{4}$ ($\frac{9}{4}$))

⑤ 0.06 ($\frac{3}{50}$)　⑥ 3 ($\frac{3}{1}$)

③ □にあてはまる不等号を書きましょう。

① 0.87 < $\frac{7}{8}$　② $1\frac{2}{5}$ < 1.43

③ $\frac{4}{7}$ > 0.52　④ 2.29 > $2\frac{2}{9}$

P.50

⑬ 算数のしあげ　数と計算 (5)

① ①～⑤には整数か小数を、⑥～⑩には分数を書きましょう。

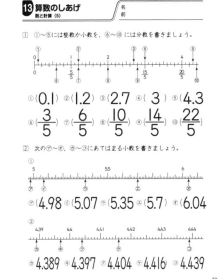

① (0.1)　② (1.2)　③ (2.7)　④ (3)　⑤ (4.3)

⑥ ($\frac{3}{5}$)　⑦ ($\frac{6}{5}$)　⑧ ($\frac{10}{5}$)　⑨ ($\frac{14}{5}$)　⑩ ($\frac{22}{5}$)

② 次の⑦～㋔、㋐～㋔にあてはまる小数を書きましょう。

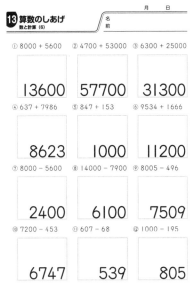

㋐ (4.98)　㋑ (5.07)　㋒ (5.35)　㋓ (5.7)　㋔ (6.04)

㋐ (4.389)　㋑ (4.397)　㋒ (4.404)　㋓ (4.416)　㋔ (4.439)

⑬ 算数のしあげ　数と計算 (6)

① 8000 + 5600 = 13600

② 4700 + 53000 = 57700

③ 6300 + 25000 = 31300

④ 637 + 7986 = 8623

⑤ 847 + 153 = 1000

⑥ 9534 + 1666 = 11200

⑦ 8000 − 5600 = 2400

⑧ 14000 − 7900 = 6100

⑨ 8005 − 496 = 7509

⑩ 7200 − 453 = 6747

⑪ 607 − 68 = 539

⑫ 1000 − 195 = 805

P.51

⑬ 算数のしあげ　数と計算 (7)

① 5.6 + 3.8 = 9.4

② 23.7 + 5.3 = 29.0

③ 72.5 + 7.5 = 80.0

④ 30.6 + 4.93 = 35.53

⑤ 9.26 + 20.9 = 30.16

⑥ 4.58 + 6.47 = 11.05

⑦ 43.92 + 6.08 = 50.00

⑧ 3.78 + 6.4 = 10.18

⑨ 6.2 − 5.8 = 0.4

⑩ 7.67 − 3 = 4.67

⑪ 9.54 − 1.5 = 8.04

⑫ 5.624 − 0.85 = 4.774

⑬ 10.2 − 8.63 = 1.57

⑭ 8 − 7.16 = 0.84

⑮ 4.2 − 1.71 = 2.49

⑯ 1 − 0.094 = 0.906

⑬ 算数のしあげ　数と計算 (8)

① 7.43 + 1.6 = 9.03

② 2.06 + 1.4 = 3.46

③ 8.93 + 4.17 = 13.10

④ 0.92 + 9.1 = 10.02

⑤ 5.57 + 4.43 = 10.00

⑥ 8 + 3.26 = 11.26

⑦ 0.93 + 0.17 = 1.10

⑧ 0.09 + 0.91 = 1.00

⑨ 6.23 − 4.86 = 1.37

⑩ 0.6 − 0.23 = 0.37

⑪ 5.4 − 4.46 = 0.94

⑫ 3 − 0.72 = 2.28

⑬ 3.06 − 2.76 = 0.30

⑭ 3.62 − 2.6 = 1.02

⑮ 1 − 0.57 = 0.43

⑯ 5.5 − 4.88 = 0.62

解答

児童に実施させる前に，必ず指導される方が問題を解いてください。本書の解答は，あくまでも１つの例です。指導される方の作られた解答をもとに，本書の解答例を参考に児童の多様な考えに寄り添って○つけをお願いします。

P.52

⑬ 算数のしあげ　数と計算 (9)　名前　月　日

① $\frac{5}{12} + \frac{7}{12}$　1　　② $\frac{3}{4} + \frac{2}{3}$　$\frac{17}{12}\left(1\frac{5}{12}\right)$

③ $\frac{3}{8} + \frac{5}{6}$　$\frac{29}{24}\left(1\frac{5}{24}\right)$　④ $\frac{2}{9} + \frac{2}{3}$　$\frac{8}{9}$

⑤ $1\frac{1}{8} + \frac{2}{3}$　$\frac{91}{24}\left(3\frac{19}{24}\right)$　⑥ $1\frac{5}{6} + \frac{3}{4}$　$\frac{31}{12}\left(2\frac{7}{12}\right)$

⑦ $1 - \frac{5}{8}$　$\frac{3}{8}$　⑧ $\frac{5}{7} - \frac{2}{5}$　$\frac{11}{35}$

⑨ $\frac{4}{5} - \frac{1}{2}$　$\frac{3}{10}$　⑩ $3 - 1\frac{1}{4}$　$\frac{7}{4}\left(1\frac{3}{4}\right)$

⑪ $4\frac{5}{9} -$　$\frac{43}{18}\left(2\frac{7}{18}\right)$　⑫ $3\frac{2}{3} -$　$\frac{35}{12}\left(2\frac{11}{12}\right)$

⑬ 算数のしあげ　数と計算 (10)　名前　月　日

① $\frac{5}{8} + \frac{7}{12} + \frac{5}{6}$　$\frac{49}{24}\left(2\frac{1}{24}\right)$

② $\frac{3}{5} + \frac{2}{3} - \frac{8}{15}$　$\frac{11}{15}$

③ $\frac{5}{6} + \frac{1}{2} + \frac{7}{12}$　$\frac{23}{12}\left(1\frac{11}{12}\right)$

④ $4 - \frac{5}{6} - \frac{20}{21}$　$\frac{31}{14}\left(2\frac{3}{14}\right)$

⑤ $\frac{15}{8} - \frac{7}{12} + \frac{3}{4}$　$\frac{49}{24}\left(2\frac{1}{24}\right)$

⑥ $4\frac{1}{2} - \frac{5}{6} - \frac{7}{8}$　$\frac{67}{24}\left(2\frac{19}{24}\right)$

⑦ $9 - \frac{1}{4} + \frac{2}{3}$　$\frac{113}{12}\left(9\frac{5}{12}\right)$

⑧ $1\frac{1}{2} + 2\frac{3}{4} + 1\frac{7}{8}$　$\frac{49}{8}\left(6\frac{1}{8}\right)$

⑨ $2\frac{4}{5} - \frac{3}{4} - 1\frac{3}{10}$　$\frac{3}{4}$

⑩ $1\frac{2}{3} + 1\frac{4}{5} + \frac{4}{15}$　$\frac{56}{15}\left(3\frac{11}{15}\right)$

52

P.53

⑬ 算数のしあげ　数と計算 (11)　名前　月　日

① 小数を分数で表して計算しましょう。

① $0.4 + \frac{2}{3}$　$\frac{16}{15}\left(1\frac{1}{15}\right)$　② $\frac{4}{9} - 0.2$　$\frac{11}{45}$

③ $0.3 + \frac{1}{3}$　$\frac{19}{30}$　④ $1\frac{4}{7} + 0.6$　$\frac{76}{35}\left(2\frac{6}{35}\right)$

⑤ $2\frac{1}{9} - 0.5$　$\frac{29}{18}\left(1\frac{11}{18}\right)$　⑥ $1.1 - \frac{3}{4}$　$\frac{7}{20}$

② 分数を小数で表して計算しましょう。

① $0.4 + \frac{1}{5}$　0.6　② $1.25 - \frac{1}{4}$　1

③ $\frac{2}{5} - 0.12$　0.28　④ $\frac{3}{2} - 1.05$　0.45

⑤ $1.55 + \frac{3}{4}$　2.3　⑥ $0.75 - \frac{5}{8}$　0.125

⑬ 算数のしあげ　数と計算 (12)　名前　月　日

① □にあてはまる数を書きましょう。

① $(279 + 65) + 35 = 279 + (\boxed{65} + 35)$

② $2.9 + 18.5 = \boxed{18.5} + 2.9$

② 計算をしましょう。

① $389 + 246 + 54$　689　② $7.3 + 4.9 + 2.7$　14.9

③ $1000 - (540 - 300)$　760

④ $5.6 - (2.7 - 1.2)$　4.1

⑤ $23.6 + (15 - 8.6)$　30

⑥ $35.2 - (11.9 + 2.1)$　21.2

⑦ $\frac{5}{4} - \left(\frac{1}{6} + \frac{2}{3}\right)$　$\frac{5}{12}$　⑧ $\frac{5}{6} - \left(\frac{11}{12} - \frac{2}{3}\right)$　$\frac{7}{12}$

⑨ $\frac{5}{12} + \left(\frac{5}{4} - \frac{2}{3}\right)$　1　⑩ $\frac{23}{24} - \left(\frac{3}{8} + \frac{1}{3}\right)$　$\frac{1}{4}$

53

P.54

⑬ 算数のしあげ　数と計算 (13)　名前　月　日

● 次の数量の関係を，文章のとおりに x や y を使った式に表しましょう。

① 120円のパンと x 円の牛乳を買ったら，代金は y 円になりました。

$$120 + x = y$$

② 映画を見ている大人が45人で，それより x 人少ないのが子どもの人数 y 人です。

$$45 - x = y$$

③ x kgのお母さんが，8kgの赤ちゃんをだっこすると，合わせて y kgになります。

$$x + 8 = y$$

④ 全部で x ページある本の75ページを読んだので，残りは y ページになりました。

$$x - 75 = y$$

⑤ 赤色と黄色のチューリップが全部で x 本さいています。赤色は28本なので，黄色は y 本です。

$$x - 28 = y$$

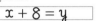

⑬ 算数のしあげ　数と計算 (14)　名前　月　日

● 問題文にふさわしい式を選んで，線でむすびましょう。

①
ア 2.4mの重さが42gの針金があります。この針金1mの重さは何gですか。 ── $42 \div 2.4$

イ 1mの重さが42gの針金があります。この針金2.4mの重さは何gですか。 ── 42×2.4

②
ア 1mの重さが2.4kgのパイプがあります。このパイプ0.8mでは，何kgになりますか。 ╳ $2.4 \div 0.8$

イ 1mの重さが0.8kgのパイプがあります。このパイプ2.4kgでは，何mになりますか。 ╳ $0.8 \div 2.4$

ウ 2.4mの重さが0.8kgのパイプがあります。このパイプ1mは何kgですか。 ╳ 2.4×0.8

③
ア 0.8m²の畑に0.6Lの肥料をまきます。1m²あたり何Lまくことになりますか。 ╳ 0.6×0.8

イ 1m²に0.6Lの肥料をまきます。0.8m²の畑では，何Lの肥料がいりますか。 ╳ $0.6 \div 0.8$

54

P.55

⑬ 算数のしあげ　数と計算 (15)　名前　月　日

① 47×27　② 569×38　③ 704×86

1269　　21622　　60544

④ 326×214　⑤ 439×527　⑥ 478×609

69764　　231353　　291102

⑦ 7.4×6　⑧ 9.2×65　⑨ 2.4×7.6

44.4　　598.0　　18.24

⑩ 9.25×3.7　⑪ 8.06×5.7　⑫ 2.65×0.28

34.225　　45.942　　0.7420

⑬ 算数のしあげ　数と計算 (16)　名前　月　日

● 次のわり算をわりきれるまでしましょう。

① $296 \div 4$　② $276 \div 46$　③ $162 \div 27$

74　　6　　6

④ $546 \div 21$　⑤ $416 \div 26$　⑥ $306 \div 18$

26　　16　　17

⑦ $84.6 \div 9$　⑧ $21 \div 6$　⑨ $8.2 \div 2.5$

9.4　　3.5　　3.28

⑩ $15.7 \div 3.14$　⑪ $37.4 \div 0.85$　⑫ $0.611 \div 0.94$

5　　44　　0.65

55

P.56

P.57

P.58

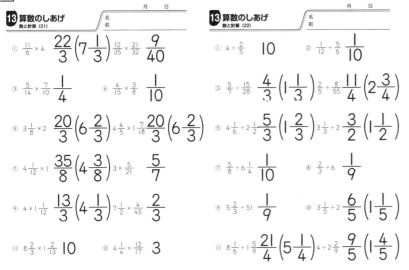

P.59

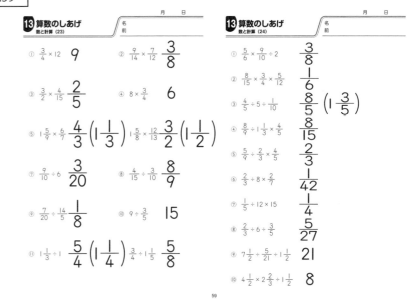

P.60

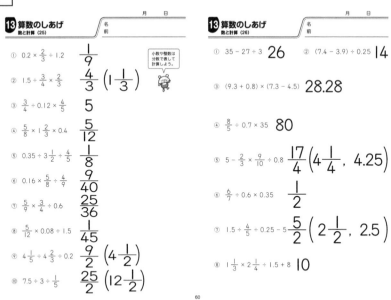

⑬ 算数のしあげ 数と計算 (25)

① $0.2 \times \frac{2}{3} \div 1.2$　$\frac{1}{9}$

② $1.5 \div \frac{3}{4} \times \frac{2}{3}$　$\frac{4}{3}$ $\left(1\frac{1}{3}\right)$

③ $\frac{3}{4} \div 0.12 \times \frac{4}{5}$　5

④ $\frac{5}{8} \times 1\frac{2}{3} \times 0.4$　$\frac{5}{12}$

⑤ $0.35 \div 3\frac{1}{2} \div \frac{4}{5}$　$\frac{1}{8}$

⑥ $0.16 \times \frac{5}{8} \div \frac{4}{9}$　$\frac{9}{40}$

⑦ $\frac{5}{9} \times \frac{3}{4} \div 0.6$　$\frac{25}{36}$

⑧ $\frac{5}{12} \times 0.08 \div 1.5$　$\frac{1}{45}$

⑨ $4\frac{1}{5} \div 4\frac{2}{3} \div 0.2$　$\frac{9}{2}$ $\left(4\frac{1}{2}\right)$

⑩ $7.5 \div 3 \div \frac{1}{5}$　$\frac{25}{2}$ $\left(12\frac{1}{2}\right)$

小数や整数は分数で表して計算しよう。

⑬ 算数のしあげ 数と計算 (26)

① $35 - 27 \div 3$　26

② $(7.4 - 3.9) \div 0.25$　14

③ $(9.3 + 0.8) \times (7.3 - 4.5)$　28.28

④ $\frac{8}{5} \div 0.7 \times 35$　80

⑤ $5 - \frac{2}{3} \times \frac{9}{10} \div 0.8$　$\frac{17}{4}$ $\left(4\frac{1}{4}, 4.25\right)$

⑥ $\frac{6}{7} \div 0.6 \times 0.35$　$\frac{1}{2}$

⑦ $1.5 \div \frac{4}{5} \div 0.25 - 5$　$\frac{5}{2}$ $\left(2\frac{1}{2}, 2.5\right)$

⑧ $1\frac{1}{3} \times 2\frac{1}{4} \div 1.5 + 8$　10

P.61

⑬ 算数のしあげ 数と計算 (27)

● くふうして計算します。□にあてはまる数を書きましょう。

① $15 \times 25 \times 4 = 15 \times \boxed{100}$
$= \boxed{1500}$

② $9.7 \times 1.3 - 7.7 \times 1.3 = (\boxed{9.7} - 7.7) \times 1.3$
$= \boxed{2} \times 1.3$
$= \boxed{2.6}$

③ $\left(\frac{3}{4} - \frac{2}{5}\right) \times 100 = \frac{3}{4} \times \boxed{100} - \frac{2}{5} \times \boxed{100}$
$= 75 - \boxed{40}$
$= \boxed{35}$

④ $25 \times 998 = 25 \times (1000 - \boxed{2})$
$= 25 \times 1000 - 25 \times \boxed{2}$
$= \boxed{24950}$

⑬ 算数のしあげ 数と計算 (28)

① 順序に気をつけて計算しましょう。

① $4 \times 8 - 6 \div 2$　29

② $4 \times (8 - 6) \div 2$　4

③ $4 \times (8 - 6 \div 2)$　20

④ $(4 \times 8 - 6) \div 2$　13

② くふうして計算します。□にあてはまる数を書きましょう。

① $25 \times 28 = 25 \times (\boxed{4} \times 7)$
$= (25 \times \boxed{4}) \times 7$
$= \boxed{700}$

② $102 \times 68 = (100 + 2) \times \boxed{68}$
$= 100 \times \boxed{68} + 2 \times \boxed{68}$
$= \boxed{6936}$

P.62

⑬ 算数のしあげ 数と計算 (29)

① 次の数を，偶数と奇数に分けて書きましょう。

0, 34, 61, 247, 9732

偶数 $\left(0, 34, 9732\right)$　奇数 $\left(61, 247\right)$

② （　）の中の数の，最小公倍数を求めましょう。

① (3, 4)　12　② (8, 12)　24

③ (12, 20)　60　④ (3, 5, 6)　30

③ （　）の中の数の，最大公約数を求めましょう。

① (6, 12)　6　② (16, 24)　8

③ (36, 24)　12　④ (18, 24, 36)　6

④ 次の数量の関係を，文章のとおりに x や y を使った式に表しましょう。

① 1本80円のえん筆を x 本買ったら，代金は y 円でした。
$\left(80 \times x = y\right)$

② 1kgの重さの2.6倍は，y kgです。
$\left(x \times 2.6 = y\right)$

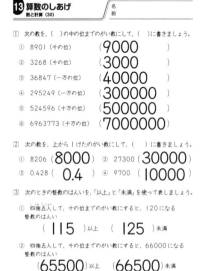

⑬ 算数のしあげ 数と計算 (30)

① 次の数を，（　）の中の位までのがい数にして，（　）に書きましょう。

① 8901（千の位）　$\left(9000\right)$

② 3268（千の位）　$\left(3000\right)$

③ 36847（一万の位）　$\left(40000\right)$

④ 295249（一万の位）　$\left(300000\right)$

⑤ 524596（十万の位）　$\left(500000\right)$

⑥ 6963773（十万の位）　$\left(7000000\right)$

② 次の数を，上から1けたのがい数にして，（　）に書きましょう。

① 8206 $\left(8000\right)$　② 27300 $\left(30000\right)$

③ 0.428 $\left(0.4\right)$　④ 9700 $\left(10000\right)$

③ 次のときの整数のはんいを，「以上」と「未満」を使って表しましょう。

① 四捨五入して，十の位までのがい数にすると，120になる整数のはんい
$\left(115\right)$以上　$\left(125\right)$未満

② 四捨五入して，千の位までのがい数にすると，66000になる整数のはんい
$\left(65500\right)$以上　$\left(66500\right)$未満

P.63

⑬ 算数のしあげ 数と計算 (31)

① 百の位までのがい数にして，答えを見積もりましょう。

① $452 + 248$　$\left(700\right)$

② $3409 + 4983$　$\left(8400\right)$

③ $1264 - 352$　$\left(900\right)$

④ $983 - 409$　$\left(600\right)$

⑤ $1000 - (373 + 528)$　$\left(100\right)$

② 上から1けたのがい数にして，積や商を見積もりましょう。

① 736×750　$\left(560000\right)$

② 4720×408　$\left(2000000\right)$

③ $5821 \div 178$　$\left(30\right)$

④ $76352 \div 39$　$\left(2000\right)$

⑤ $107569 \div 23$　$\left(5000\right)$

⑬ 算数のしあげ 数と計算 (32)

① 四捨五入して，（　）の位までのがい数にして，答えを見積もりましょう。

① （千の位）$72460 + 56730$　$\left(129000\right)$

② （千の位）$467700 - 50360$　$\left(418000\right)$

③ （百の位）$729 + 1068$　$\left(1800\right)$

④ （百の位）$1270 - 660$　$\left(600\right)$

⑤ （十の位）$563 - (49 + 263)$　$\left(250\right)$

② 四捨五入して，上から1けたのがい数にして，積や商を見積もりましょう。

① 624×374　$\left(240000\right)$

② 85×319　$\left(27000\right)$

③ 124×26　$\left(3000\right)$

④ $6108 \div 28$　$\left(200\right)$

⑤ $7642 \div 165$　$\left(40\right)$

P.64

P.65

13 算数のしあげ　図形 (1)

● 四角形の性質について表にまとめましょう。

あてはまる四角形の性質に○を書きましょう。

	台形	平行四辺形	ひし形	長方形	正方形
向かい合った１組だけの辺が平行	○				
向かい合った２組の辺が平行		○	○	○	○
向かい合った辺の長さが等しい		○	○	○	○
４つの辺の長さが等しい			○		○
向かい合った角の大きさが等しい		○	○	○	○
４つの角がすべて直角				○	○
２本の対角線の長さが等しい				○	○
２本の対角線が垂直に交わる			○		○
２本の対角線がそれぞれ真ん中の点で交わる		○	○	○	○

13 算数のしあげ　図形 (2)

● 次の図形について，線対称な図形か，点対称な図形かを表にまとめます。線対称な図形，点対称な図形であれば，表に○を書きましょう。
また，対称の軸の本数も書きましょう。

	線対称	対称の軸の数	点対称
正三角形	○	3	
平行四辺形			○
ひし形	○	2	○
正方形	○	4	○
正五角形	○	5	
正六角形	○	6	○

P.66

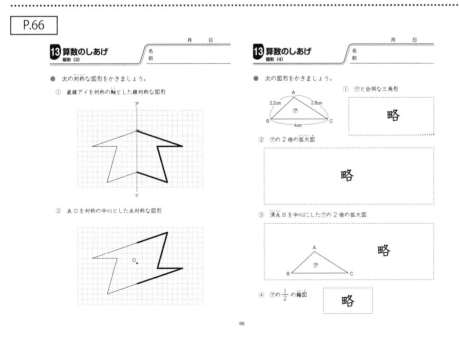

P.67

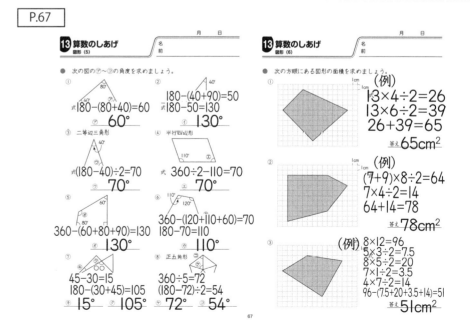

P.68

⑬ 算数のしあげ 図形 (7)

● 次の図形の面積を求めましょう。

① 長方形
式 3×5=15
答え 15cm²

② 正方形
式 3×3=9
答え 9cm²

③ 平行四辺形
式 4×3=12
答え 12cm²

④ 三角形
式 6×3÷2=9
答え 9cm²

⑤ 台形
(2+4)×5÷2=15
答え 15cm²

⑥ ひし形
式 6×4÷2=12
答え 12cm²

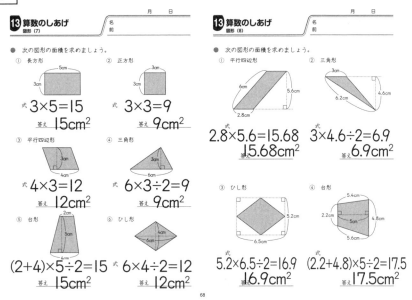

⑬ 算数のしあげ 図形 (8)

● 次の図形の面積を求めましょう。

① 平行四辺形
2.8×5.6=15.68
15.68cm²

三角形
式 3×4.6÷2=6.9
答え 6.9cm²

③ ひし形
式 5.2×6.5÷2=16.9
16.9cm²

④ 台形
式 (2.2+4.8)×5÷2=17.5
17.5cm²

P.69

⑬ 算数のしあげ 図形 (9)

● 次の図形の色のついた部分の面積を求めましょう。

① (例)
5×4=20
8×6=48
20+48=68
答え 68cm²

② (例)
4×6=24
8×6=48
24+48=72
72-3×2=66
答え 66cm²

③ (例)
10×12=120
12-4×2=4
120-5×4=100
答え 100cm²

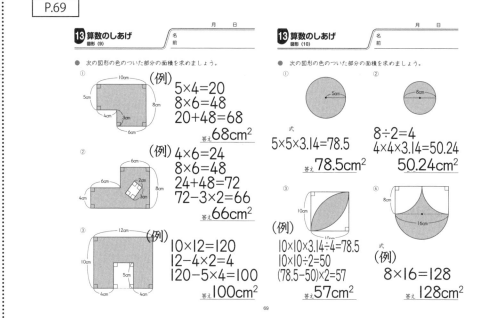

⑬ 算数のしあげ 図形 (10)

● 次の図形の色のついた部分の面積を求めましょう。

① 式 5×5×3.14=78.5
答え 78.5cm²

② 8÷2=4
4×4×3.14=50.24
50.24cm²

③ (例)
10×10×3.14÷4=78.5
10×10÷2=50
(78.5-50)×2=57
答え 57cm²

④ (例)
式 8×16=128
答え 128cm²

P.70

⑬ 算数のしあげ 図形 (11)

● 次の立体の体積を求めましょう。

① 式 5×6×8=240
答え 240cm³

② 式 5×5×5=125
答え 125cm³

③ (例)式
4×4×5=80
4×5×2=40
80+40=120
答え 120cm³

④ (例)式
4×3×(3×3+2)=132
答え 132cm³

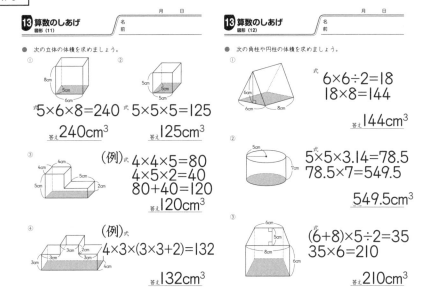

⑬ 算数のしあげ 図形 (12)

● 次の角柱や円柱の体積を求めましょう。

① 式
6×6÷2=18
18×8=144
答え 144cm³

② 式
5×5×3.14=78.5
78.5×7=549.5
答え 549.5cm³

③ 式
(6+8)×5÷2=35
35×6=210
答え 210cm³

P.71

⑬ 算数のしあげ 測定 (1)

① ( )にあてはまる単位を，下の□□□から選んで書きましょう。

① プールの縦の長さ 25 (m)
② えんぴつの長さ 16.5 (cm)
③ 黒板の広さ 8 (m²)
④ 福島県の面積 13800 (km²)
⑤ にわとりの卵1個の重さ 65 (g)
⑥ 大人の体重 65 (kg)

mg・g・kg・mm・cm・m・cm²・m²・km²

② ( )にあてはまる数を書きましょう。

① 1m = (100)cm
② 1km = (1000)m
③ 1L = (10)dL
④ 1L = (1000)mL
⑤ 1m³ = (1000)L
⑥ 1cm³ = (1)mL
⑦ 1kg = (1000)g
⑧ 1g = (1000)mg
⑨ 1t = (1000)kg
⑩ 1m² = (10000)cm²
⑪ 1a = (100)m²
⑫ 1ha = (10000)m²
⑬ 1km²(1000000)
⑭ 1m(1000000)

⑬ 算数のしあげ 測定 (2)

① ( )にあてはまる数を書きましょう。

① 3kg (3000)g
② 200cm (2)m
③ 350m² (3.5)a
④ 2.5ha (25000)
⑤ 1ha (100)a
⑥ 0.8t (800)kg
⑦ 10L (100)dL
⑧ 600g (0.6)kg
⑨ 0.7kg (700)g
⑩ 1.5kL (1.5)m³
⑪ 2m³ (2000)L
⑫ 0.4L (400)mL
⑬ 500m (0.5)km
⑭ 80mm (8)cm

② ( )にあてはまる単位を書きましょう。

① 利根川の長さ 322 (km)
② 富士山の高さ 3776 (m)
③ 教科書の横の長さ 18.3 (cm)
④ 給食の牛乳の量 200 (mL)
⑤ おふろに入れるお湯の量 約300 (L)
⑥ 親指のつめの面積 約1.8 (cm²)
⑦ 日本の国の面積 約37万 (km²)
⑧ 小学校の教室の面積 約64 (m²)

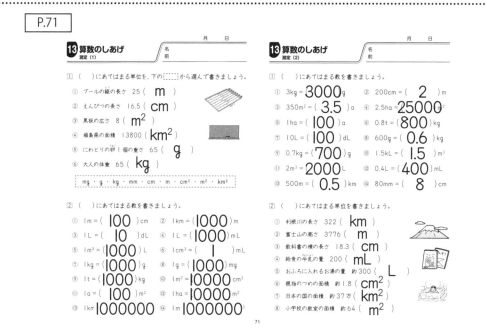

P.72

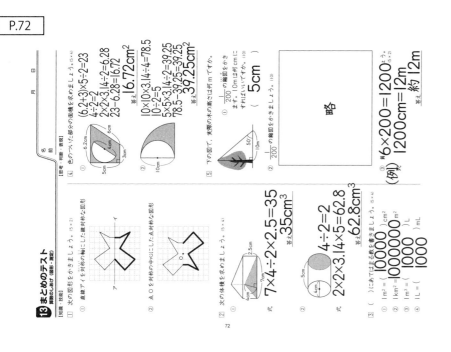

13 まとめのテスト
算数のしあげ（図形・測定）
【知識・技能】

① 次の図形をかきましょう。
① 直線アイを対称の軸とした線対称な図形
② 点Oを対称の中心にした点対称な図形

[思考・判断・表現]

④ 色のついた部分の面積を求めましょう。(5×4)

(6.2+3)×5÷2＝23
4÷2＝2
2×2×3.14÷2＝6.28
23−6.28＝16.72
答え 16.72cm²

10×10×3.14÷4＝78.5
10÷2＝5
5×5×3.14÷2＝39.25
78.5−39.25＝39.25
答え 39.25cm²

⑤ 下の図で，実際の木の高さは何mですか。(10)

5cm

① 200mは何cmですか。
20000cm
② 縮図をかきましょう。
③
例 約12m

※6×200＝1200 (5×2)
1200cm＝12m
答え 約12m

② 次の体積を求めましょう。(5×4)

7×4÷2×2.5＝35
答え 35cm³
式

4÷2＝2
2×2×3.14×5＝62.8
答え 62.8cm³

③ ( )にあてはまる数を書きましょう。(5×4)
① 1m²＝（10000）cm²
② 1km²＝（1000000）m²
③ 1m³＝（1000）L
④ 1L＝（1000）mL

P.73

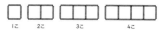

13 算数のしあげ
変化と関係 (1)
名前　　月　日

● 下の図のように，縦6cmの長方形の上に紙を置いて，それを矢印の方向にずらしていきます。

6cm　紙

① ずらしていったとき，見えている部分の長方形の横の長さと面積の関係を表にまとめましょう。

長方形の横の長さと面積

横の長さ (cm)	1	2	3	4	5	6
面積 (cm²)	12	18	24	30	36

② 長方形の横の長さと面積の関係をグラフに表しましょう。

長方形の横の長さと面積
(cm²)
40
30
20
10
0　1　2　3　4　5　6 (cm)

13 算数のしあげ
変化と関係 (2)
名前　　月　日

● 長さの等しい棒で，下のように四角形を作り，横に並べていきます。

1こ　2こ　3こ　4こ

① 四角形の数をエこ，棒の本数をy本として，エとyの関係を表にまとめましょう。

四角形のこ数と棒の本数

四角形の数 エ(こ)	1	2	3	4	5	6
棒の本数 y(本)	4	7	10	13	16	19

② 四角形の数が8このときの棒の本数は何本ですか。
（25本）

③ 四角形の数が10このときの棒の本数は何本ですか。
（31本）

④ 四角形の数エこと，棒の本数y本は，どのような関係にありますか。

(例)
・エ(四角形のこ数)が1(こ)増えるごとに，y(棒の本数)は3(本)ずつ増える。
・エの数に3をかけて，1たした数がyになる。

P.74

13 算数のしあげ
変化と関係 (3)
名前　　月　日

● 下のそれぞれについて，表を完成させて，問いに答えましょう。

⑦ 分速60mで歩く人の，歩く時間エ分と道のりym

時間 エ(分)	1	2	3	4	5	6
道のり y(m)	60	120	180	240	300	360

yをエの式で表しましょう。
y＝（60×エ）

④ 1辺がエcmの正方形の面積ycm²

1辺の長さ エ(cm)	1	2	3	4	5	6
面積 y(cm²)	1	4	9	16	25	36

⑨ 面積が12cm²の長方形の縦の長さエcmと横の長さycm

縦の長さ エ(cm)	1	2	3	4	6	12
横の長さ y(cm)	12	6	4	3	2	1

yをエの式で表しましょう。
y＝（12÷エ）

① 比例しているのは，⑦，④，⑨のどれですか。（⑦）
② 反比例しているのは，⑦，④，⑨のどれですか。（⑨）

13 算数のしあげ
変化と関係 (4)
名前　　月　日

● 下のそれぞれについて，表を完成させて，問いに答えましょう。

⑦ 24kmの道のりを分速エkmで走ったときの，かかった時間y分

分速 エ(km)	1	2	3	4	6	12
時間 y(分)	12	8	6	4	3	2

yをエの式で表しましょう。
y＝（24÷エ）

④ 底辺が5cmで高さエcmの平行四辺形の面積ycm²

高さ エ(cm)	1	2	3	4	5	6
面積 y(cm²)	5	10	15	20	25	30

yをエの式で表しましょう。
y＝（5×エ）

比例，反比例しているのは，⑦，④のどちらの表ですか。また，どのようなグラフになりますか。線でつなぎましょう。

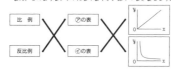

比例　　　⑦の表
反比例　　④の表

P.75

13 算数のしあげ
変化と関係 (5)
名前　　月　日

① 197kmを2時間で走る特急電車と，288kmを3時間で走る特別快速電車では，どちらが速いといえますか。

式 特急 197÷2＝98.5
　　特別快速 288÷3＝96
特急電車

② 分速380mで進んでいるヨットがあります。このまま同じ速さで進むとすると，15分間では何km進むことができますか。

式 380×15＝5700
　　5700m＝5.7km
答え 5.7km

③ 分速260mで走っている自転車があります。このままの速さで進むと，7.8km先にある目的地まで何分で着きますか。

式 7.8km＝7800m
　　7800÷260＝30
答え 30分

13 算数のしあげ
変化と関係 (6)
名前　　月　日

① 時速45kmで走る自動車は，次の時間では何km進みますか。

① 20分間
式 45×1/3＝15
答え 15km

② 1時間30分
式 45×1½＝135/2 (67½, 67.5)
135/2 (67½, 67.5)km

② 120kmを1時間15分で走る電車は，時速何kmですか。

式 120÷1¼＝96 時速96km

③ 分速60mで歩いている人がいます。このままの速さで歩き続けて1kmの目的地まで行くには何分何秒かかることができますか。

式 1km＝1000m
　　1000÷60＝50/3 (16⅔)
16分40秒

P.76

⑬ 算数のしあげ 変化と関係 (7) 名前

● 次の速さ（秒速，分速，時速）を求めましょう。

① 秒速15mで走るバイクがあります。

⑦ このバイクは分速何mですか。

式 $15 × 60 = 900$

答え 分速900m

⑦ このバイクは時速何kmですか。

式 $900m = 0.9km$
$0.9 × 60 = 54$

答え 時速54km

② 時速72kmで走る電車があります。

⑦ この電車は分速何kmですか。

式 $72 ÷ 60 = 1.2$

答え 分速1.2km

⑦ この電車は秒速何mですか。

式 $1.2km = 1200m$
$1200 ÷ 60 = 20$

答え 秒速20m

---

⑬ 算数のしあげ 変化と関係 (8) 名前

① 1か月で354000歩，歩いた人がいます。

① 1日平均何歩歩いたことになりますか。（1か月を30日とします。）

式 $354000 ÷ 30 = 11800$

答え 11800歩

② 1年では，何歩歩くことになりますか。

式 $354000 × 12 = 4248000$

答え 4248000歩

② まさきさんは，自分の歩はばを使って道のりを調べることにしました。

① まさきさんの10歩の平均の長さを求めましょう。

	1日目	2日目	3日目	4日目
まさきさんの10歩	6.4m	6.2m	6.3m	6.5m

$(6.4+6.2+6.3+6.5) ÷ 4 = 6.35$ 答え 6.35m

② まさきさんの1歩は，約何mですか。（四捨五入して上から2けたのがい数で求めましょう。）

式 $6.35 ÷ 10 = 0.635$

答え 約0.64m

③ まさきさんが800歩歩いた道のりは，約何mですか。（四捨五入して上から2けたのがい数で表しましょう。）

式 $0.64 × 800 = 512$

答え 約510m

P.77

⑬ 算数のしあげ 変化と関係 (9) 名前

① AプールとBプールの面積と人数は，右の表のようになっています。どちらのほうがこんでいますか。

プールの面積と人数	面積(m²)	人数(人)
Aプール	320	80
Bプール	120	24

Aプール $80 ÷ 320 = 0.25$
Bプール $24 ÷ 120 = 0.2$

答え Aプール

② 右の表は，A市とB市の人口と面積を表したものです。どちらのほうが人口密度が高いですか。

A市とB市の人口と面積	人口(人)	面積(km²)
A市	68400	48
B市	52200	36

A市 $68400 ÷ 48 = 1425$
B市 $52200 ÷ 36 = 1450$

答え B市

③ 埼玉県の面積は約3800km²，人口は約730万人です。埼玉県の人口密度を，四捨五入して上から2けたのがい数で求めましょう。

式 $7300000 ÷ 3800 = 1921.05…$

答え 約1900人

---

⑬ 算数のしあげ 変化と関係 (10) 名前

① 右の表を見て，AとBのどちらの田のほうが米がよくとれたといえますか。1aあたりのとれ高で比べましょう。

田の面積ととれた米の重さ	面積(a)	重さ(kg)
Aの田	16	392
Bの田	20	540

Aの田 $392 ÷ 16 = 24.5$
Bの田 $540 ÷ 20 = 27$

答え Bの田

② A自動車はガソリン36Lで540km，B自動車はガソリン32Lで512km走りました。どちらの自動車のほうが1Lで走れるきょりが長いですか。

A自動車 $540 ÷ 36 = 15$
B自動車 $512 ÷ 32 = 16$

答え B自動車

③ 同じあめがふくろに入って売られています。A店では24個入りで420円，B店では18個入りで300円です。1個あたりのねだんはどちらのほうが安いですか。

A店 $420 ÷ 24 = 17.5$
B店 $300 ÷ 18 = 16.66…$

答え B店

P.78

⑬ 算数のしあげ 変化と関係 (11) 名前

● Aの花畑には，チューリップが120本さいていて，そのうち54本が赤い花です。Bの花畑には，チューリップが150本さいていて，そのうち60本が赤い花です。

① A，Bそれぞれの花畑で，全体の本数を1とみたとき，赤い花は，どれだけにあたりますか。小数と百分率で表しましょう。

A 式 $54 ÷ 120 = 0.45$
$0.45 × 100 = 45$

答え 小数 0.45 百分率 45%

B 式 $60 ÷ 150 = 0.4$
$0.4 × 100 = 40$

答え 小数 0.4 百分率 40%

② Cの花畑には，チューリップが180本さいていて，Aの花畑と同じ割合で赤い花がさいています。Cの花畑の赤いチューリップは何本ですか。

式 $180 × 0.45 = 81$

答え 81本

---

⑬ 算数のしあげ 変化と関係 (12) 名前

① □にあてはまる数を書きましょう。

① 400mLの15%は，（ 60 ）mL です。

② 2mは，8mの（ 25 ）% です。

③ （ 4 ）kgの30%は，1.2kgです。

② 1500円の品物が20%びきになっていました。品物の代金は，何円になっていますか。

式 $20% = 0.2$
$1500 × (1 - 0.2) = 1200$

答え 1200円

③ 6年生の人数は，中学1年生の人数の80%にあたる60人です。中学1年生の人数は何人ですか。

式 $80% = 0.8$
$60 ÷ 0.8 = 75$

答え 75人

P.79

⑬ 算数のしあげ 変化と関係 (13) 名前

① 次の比の値を求めましょう。

① 4:5 $\left(\dfrac{4}{5}\right)$ ② 7:3 $\left(\dfrac{7}{3}\right)$

③ 2:6 $\left(\dfrac{1}{3}\right)$ ④ 8:12 $\left(\dfrac{2}{3}\right)$

② 次の比を簡単にして，（ ）に書きましょう。

① 10:4 （ 5:2 ）   ② 0.5:0.7 （ 5:7 ）

③ 0.7:2.1 （ 1:3 ）   ④ $\dfrac{1}{2}:\dfrac{2}{5}$ （ 5:4 ）

③ 次の式で，エの表す数を求めましょう。

① 4:7＝エ:35   ② 20:12＝エ:3
エ＝（ 20 ）   エ＝（ 5 ）

③ 10:12＝エ:30   ④ エ:15＝8:6
エ＝（ 25 ）   エ＝（ 20 ）

⑤ 12:エ＝9:6   ⑥ 6:4.5＝エ:3
エ＝（ 8 ）   エ＝（ 4 ）

---

⑬ 算数のしあげ 変化と関係 (14) 名前

① ケチャップとマヨネーズを3:5の割合で混ぜて，オーロラソースを120g作ります。それぞれ何g入れるとよいですか。

式 $120 × \dfrac{3}{8} = 45$　$120 × \dfrac{5}{8} = 75$

答え ケチャップ45g, マヨネーズ75g

② 高さ1mの棒のかげが0.8mのとき，かげの長さが6mの木の高さは，何mですか。

式（例）$1:0.8 = x:6$
$6 ÷ 0.8 = 7.5$
$1 × 7.5 = 7.5$

答え 7.5m

③ 80cmの針金を使って，縦の長さと横の長さが2:3の長方形を作ります。縦の長さと横の長さを求めましょう。

式（例）$80 ÷ 2 = 40$
$40 × \dfrac{2}{5} = 16$
（例）$40 × \dfrac{3}{5} = 24$

答え 縦16cm, 横24cm

P.80

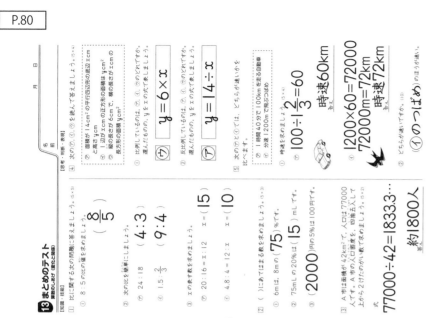

13 まとめのテスト　算数のしあげ（変化と関係）
【知識・技能】

① 比に関する次の問題に答えましょう。

② $y＝6×x$

③ $y＝14÷x$

② 次の比を簡単にしましょう。
① 24：18　　（4：3）
② 1.5：2　　（9：4）

③ xの表す数を求めましょう。
① 20：16＝x：12　　x＝(15)
② 4.8：4＝12：x　　x＝(10)

⑧/5

[2]
① 6mの8mの（75）%です。
② 75mLの20%は（15）mLです。
③ 2000円の5%は100円です。

[3] A市は面積が42km²で，人口が77000人で，人口密度を，四捨五入して上から2けたのがい数で求めましょう。
式 77000÷42＝1833.3…
答え　約1800人

時速60km
1200×60＝72000
72000m＝72km　時速72km
100÷1 $\frac{2}{3}$ ＝60
（イ）のつばめ

P.81

13 算数のしあげ　データの活用 (1)

● 今までに学習したグラフを見て，問いに答えましょう。

① ⑦〜⓪のグラフの名前を書きましょう。
⑦（棒グラフ）　④（柱状グラフ（ヒストグラム））
⑨（円グラフ）　⓪（折れ線グラフ）

② ⑦〜⓪のグラフで表すのに適している内容を選んで，（　）に記号を書きましょう。
（エ）変化の様子を表す。
（イ）全体のちらばりの様子を表す。
（ア）それぞれのことがらの大きさを表す。
（ウ）全体に対する割合を表す。

13 算数のしあげ　データの活用 (2)

● 下の円グラフは，A小学校とB小学校の1ヶ月に借りた本の種類とその割合を表したものです。

このグラフを見て，下のようなまちがった意見が出ました。まちがっている理由を書きましょう。

①「どちらの学校もいちばんよく借りているのは物語で，2番目に多いのが学習辞典です。」

（例）B小学校の2番めに多いのは伝記（19%）で，学習辞典（17%）ではないから。

②「物語はA小学校のほうが借りている冊数が多い。」

（例）A小学校は150冊の30%で45冊，B小学校は200冊の25%で50冊。割合はA小学校の方が大きいが，冊数はB小学校の方が多いから。

P.82

13 算数のしあげ　データの活用 (3)

● 下の表は，6年1組と2組の長座体前屈の記録です。

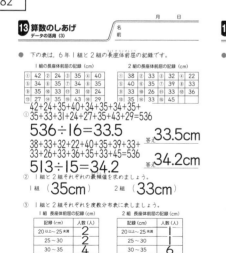

42＋24＋35＋40＋34＋35＋34＋35＋
35＋33＋31＋24＋27＋35＋43＋29＝536
536÷16＝33.5　　答え 33.5cm
38＋33＋32＋22＋40＋35＋39＋33＋
33＋26＋33＋36＋35＋43＋45＝536
513÷15＝34.2　　答え 34.2cm

① 1組と2組それぞれの最頻値を求めましょう。
1組（35cm）　　2組（33cm）

① 1組と2組それぞれを度数分布表に表しましょう。

1組 長座体前屈の記録 (cm)	
記録 (cm)	人数 (人)
20以上〜25未満	2
25〜30	2
30〜35	4
35〜40	5
40〜45	3
45〜50	0
合計	16

2組 長座体前屈の記録 (cm)	
記録 (cm)	人数 (人)
20以上〜25未満	1
25〜30	0
30〜35	6
35〜40	5
40〜45	1
45〜50	1
合計	15

13 算数のしあげ　データの活用 (4)

● 6年1組と2組の長座体前屈の記録を表したヒストグラムを見て，下の問いに答えましょう。

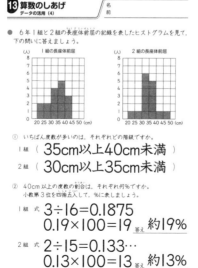

① いちばん度数が多いのは，それぞれどの階級ですか。
1組（35cm以上40cm未満）
2組（30cm以上35cm未満）

② 40cm以上の度数の割合は，それぞれ何%ですか。小数第3位を四捨五入して，%に表しましょう。
1組 式　3÷16＝0.1875
　　　0.19×100＝19　答え 約19%
2組 式　2÷15＝0.133…
　　　0.13×100＝13　答え 約13%

P.83

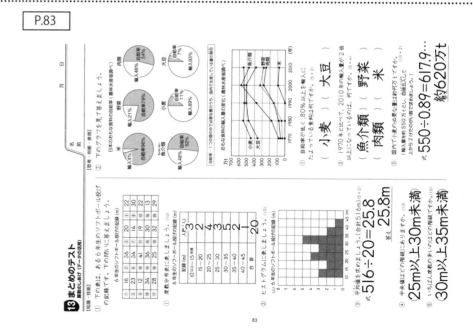

13 まとめのテスト　算数のしあげ（データの活用）
【知識・技能】

[2] 下のグラフを見て答えましょう。

① 自給率が低く，80%以上を輸入にたよっている食料は何ですか。
（小麦）　（大豆）

② 1970年と比べて，2010年の輸入量が約2倍以上になっているものは何ですか。
（魚介類）　（肉類）

③ 国内の小麦の必要量が約550万tで，自給率が13%とすると，輸入量は約何万tですか。
式 550×0.89＝617.9…　約620万t

[思考・判断・表現]

[1] 下の表は，ある6年生のソフトボール投げの記録です。下の問いに答えましょう。

① 度数分布表に表しましょう。

6年生のソフトボール投げの記録 (m)	
記録 (m)	人数 (人)
10以上〜15未満	3
15〜20	2
20〜25	5
25〜30	5
30〜35	3
35〜40	2
40〜45	0
合計	20

② ヒストグラムに表しましょう。

② 平均値を求めましょう。
式 516÷20＝25.8　答え 25.8m

③ 中央値はどの階級にありますか。
（25m以上30m未満）

④ いちばん度数の多いのはどの階級ですか。
（30m以上35m未満）

103

教科書にそって 学べる

算数教科書プリント　6年 ②
東京書籍版

2023 年 3 月 1 日　　第 1 刷発行

イ ラ ス ト ： 山口 亜耶 他
表紙イラスト： 鹿川 美佳
表紙デザイン： エガオデザイン
執 筆 協 力 者 ： 新川 雄也
企 画 ・ 編 著 ： 原田 善造・あおい えむ・今井 はじめ・さくら りこ・中 あみ
　　　　　　　中 えみ・中田 こういち・なむら じゅん・はせ みう
　　　　　　　ほしの ひかり・堀越 じゅん・みやま りょう （他 4 名）
編 集 担 当 ： 川瀬 佳世

発 　行 　者 ： 岸本 なおこ
発 　行 　所 ： 喜楽研 （わかる喜び学ぶ楽しさを創造する教育研究所：略称）
　　　　　　　〒604-0827　京都府京都市中京区高倉通二条下ル瓦町 543-1
　　　　　　　TEL　075-213-7701　FAX　075-213-7706
　　　　　　　HP　　https://www.kirakuken.co.jp
印 　　　　刷 ： 創栄図書印刷株式会社

ISBN:978-4-86277-384-5
Printed in Japan

喜楽研 WEB サイト
書籍の最新情報（正誤表含む）は
喜楽研 WEB サイトをご覧下さい。

学校現場では，本書ワークシートをコピー・印刷して児童に配布できます。
学習する児童の実態にあわせて，拡大してお使い下さい。